Kooperation im Mittelstand

Eine Betrachtung im Lichte des deutschen und europäischen Wettbewerbsrechts

Benjamin Bader

KOOPERATION IM MITTELSTAND

Eine Betrachtung im Lichte des
deutschen und europäischen Wettbewerbsrecht

ibidem-Verlag
Stuttgart

Bibliografische Information der Deutschen Nationalbibliothek
Die Deutsche Nationalbibliothek verzeichnet diese Publikation in der Deutschen Nationalbibliografie; detaillierte bibliografische Daten sind im Internet über http://dnb.d-nb.de abrufbar.

Bibliographic information published by the Deutsche Nationalbibliothek
Die Deutsche Nationalbibliothek lists this publication in the Deutsche Nationalbibliografie; detailed bibliographic data are available in the Internet at http://dnb.d-nb.de.

∞

Gedruckt auf alterungsbeständigem, säurefreien Papier
Printed on acid-free paper

ISBN-10: 3-8382-0077-2

ISBN-13: 978-3-8382-0077-4

Printed in Germany

Geleitwort

Kleine und mittlere Unternehmen (KMU) sind die sozial und wirtschaftlich häufigste Unternehmensgröße. In der Europäischen Union (EU) stellen sie ca. 99 % aller Unternehmen und bieten ca. 65 Millionen Menschen einen Arbeitsplatz. KMU umfassen in der Bundesrepublik Deutschland ca. 99,7 % aller umsatzsteuerpflichtigen Unternehmen, in denen knapp 65,8 % aller sozialversicherungspflichtigen Beschäftigten angestellt sind, ca. 37,5 % aller Umsätze erwirtschaftet werden sowie ca. 83,0 % aller Auszubildenden ausgebildet werden. Trotz ihrer Bedeutung für die Wirtschaft führten KMU in Wissenschaft und Literatur ein Schattendasein.

Anliegen des Beitrages von Benjamin Bader ist es, insbesondere die Möglichkeiten der wettbewerbsrechtlich zulässigen Kooperation von kleinen und mittleren Unternehmen (KMU) aufzuzeigen. Trotz der Bedeutung der KMU für die Stabilität der deutschen Wirtschaft sind KMU gegenüber größeren Unternehmen erheblichen Wettbewerbsnachteilen ausgesetzt: Generell verfügen sie über eine geringe Publizität und daraus folgend eine verminderte Teilnahme am Fortschritt der Management-, Unternehmens- und Grundlagenforschung sowie mangelnde Attraktivität für hochqualifizierte Führungskräfte. Sie haben keinen Zugang zum anonymen Kapitalmarkt, Kredite müssen durch das Privatvermögen der Eigentümer abgesichert werden.

Durch gezielte Kooperation könnten KMU diese Wettbewerbsnachteile ausgleichen. Häufig nutzen KMU, welche nicht wie große Unternehmen über entsprechende Stabstellen und Rechtsabteilungen verfügen, die Chancen des legalen Zusammenwirkens mit anderen Unternehmen jedoch nicht, obwohl eine Kooperation in diesem Bereich vom einschlägigen deutschen und europäischen Wettbewerbsrecht nicht verhindert oder im Vergleich zu größeren Unternehmen sogar gestützt wird. Für mittelständische Unternehmen ist es unentbehrlich, durch gezielte Ausnutzung legaler Kooperationsmöglichkeiten Effizienzgewinne zu erzielen, um auf dem Markt, insbesondere auch im Wettbewerb mit größeren Unternehmen bestehen zu können.

Der Beitrag von Benjamin Bader füllt mit rechtlichem und wirtschaftlichem Sachverstand die bestehende Lücke zu diesem Thema in der Fachliteratur. Es dürfte gerade auch für die mittelständische Praxis von erheblicher Bedeutung sein, die allgemeinen und spezifischen wettbewerbsrechtlichen Rahmenbedingungen und ihre typische Anwendung für Kooperationen von KMU, ihre Vor- und Nachteile und ihre praktische Anwendung, die in dem vorliegenden Band dargestellt werden, zu kennen. Anhand vieler Anwendungsbeispiele aus der Praxis werden diese Möglichkeiten deutlich.

Besonders für Praktiker aus dem Bereich des Mittelstands ist der vorliegende Band ein überaus wertvoller Beitrag.

Privatdozentin Dr. jur. Angelika Emmerich-Fritsche

Vorwort

In den letzten Jahren ist die Bedeutung von kleinen und mittleren Unternehmen (KMU) zunehmend in den Fokus der wirtschaftswissenschaftlichen Forschung gerückt. Der Mittelstand hat zweifelsfrei eine überragende Bedeutung für die deutsche Volkswirtschaft und das zunehmende wissenschaftliche Interesse an diesem Unternehmenstypus ist nicht überraschend. Konnten vor allem kleinere unter den mittelständischen Unternehmen zu Beginn der zweiten Hälfte des 20. Jahrhunderts noch weitgehend langfristig planen und sich auf ihr Tagesgeschäft konzentrieren, hat sich dieses Bild gravierend gewandelt. Immer enger vernetzte Märkte, neue Herausforderungen und Chancen durch die Globalisierung, neue Technologien und Innovationen, kontinuierliche Änderung der bestehenden Marktstrukturen und ein zunehmender Wettbewerbsdruck sind nur ein paar der Einflussfaktoren, mit denen sich auch kleine Unternehmen nunmehr auseinander setzen müssen. Erfolg heute ist kein Garant für Erfolg morgen, die Unternehmensumwelt muss permanent beobachtet und das Unternehmen auf die neue Situation ausgerichtet werden.

Vor diesem Hintergrund war es nur eine Frage der Zeit, bis auch die Forschung begonnen hat, sich mit den Herausforderungen des Mittelstands auseinander zu setzen. So beschäftigt sich das strategische Management unter anderem mit der Frage nach der Sicherung von langfristigem Erfolg einer Unternehmung. Der Unternehmensleitung stehen dabei viele Maßnahmen zur Verfügung, immer wieder wird in diesem Zusammenhang gerade die Kooperation mit anderen Unternehmungen als ein probates Mittel für KMU angeführt. Da sich für den Mittelstand einige Besonderheiten ergeben, ist es nur konsequent, dass dem auch aus wettbewerbsrechtlicher Sicht Rechnung getragen wird. Dieser Aspekt wird leider in vielen betriebswirtschaftlichen Abhandlungen vernachlässigt, weshalb im Rahmen dieser Studie eine Verbindung zu den relevanten Normen und Vorschriften des Wettbewerbsrechts erfolgen soll. Es geht dabei um die Darlegung der Grundzüge und das Aufzeigen der Möglichkeiten wettbewerbsrechtlich zulässiger Formen von Kooperationen, nicht um die Präsentation einer „Musterlösung" für rechtlich einwandfreie Kooperationen. Im Mittelpunkt steht die Verknüpfung der betriebswirtschaftlichen mit den rechtlichen Facetten.

Mein Dank gilt meinen Eltern, die mich in allen meinen Vorhaben stets unterstützt und zur Verwirklichung meiner Ziele ermutigt haben. Das Vertrauen, welches sie mir gerade auch in der Mitwirkung der Führung ihres Betriebes geschenkt haben, hat mir unbezahlbare Erfahrungen beschert, von denen ich persönlich und fachlich täglich profitiere. Bei PD Dr. jur. Angelika Emmerich-Fritsche möchte ich mich für die hervorragende Zusammenarbeit in Nürnberg und die vielen lehrreichen Gespräche bedanken. Michael Dorsch danke ich für die unzähligen hilfreichen Denkanstöße und sein Engagement beim Korrekturlesen des Manuskripts. Nicht zuletzt gilt mein Dank meiner Frau Chipley, die mich mit sehr viel Liebe und Geduld unterstützt und bei der ich stets Rückhalt finde.

Hamburg, im Februar 2010

Benjamin Bader

Inhaltsverzeichnis

Abbildungsverzeichnis

Abkürzungsverzeichnis

a. A.	andere Ansicht
Abb.	Abbildung
ABl.	Amtsblatt
Abs.	Absatz
a. D.	außer Dienst
a.F.	alte Fassung
AG	Aktiengesellschaft
Anm.	Anmerkung
Art.	Artikel
Aufl.	Auflage
Bd.	Band
BDM	Bund Deutscher Milchviehhalter e.V.
BGB	Bürgerliches Gesetzbuch
BGBl.	Bundesgesetzblatt
BGH	Bundesgerichtshof
BT – Dr.	Bundestag – Drucksache
BVerfG	Bundesverfassungsgericht
BVerfGE	Sammlungen der Entscheidungen des Bundesverfassungsgerichts
bzgl.	bezüglich
bzw.	beziehungsweise
d.h.	das heißt
Dr.	Doktor
ebd.	ebenda
eG	eingetragene Genossenschaft
EG	Europäische Gemeinschaft

EGV	Vertrag zur Gründung der Europäischen Gemeinschaft
etc.	et cetera
EU	Europäische Union
EuG	Europäischer Gerichtshof Erster Instanz
EuGH	Europäischer Gerichtshof
EUR; €	Euro
EUV	Vertrag über die Europäische Union
EWG	Europäische Wirtschaftsgemeinschaft
F&E	Forschung und Entwicklung
f.	folgende Seite
ff.	fortfolgende Seiten
FKVO	Fusionskontrollverordnung
Fn.	Fußnote
GbR	Gesellschaft bürgerlichen Rechts
gem.	gemäß
GG	Grundgesetz
GmbH	Gesellschaft mit beschränkter Haftung
GVO	Gruppenfreistellungsverordnung
GWB	Gesetz gegen Wettbewerbsbeschränkungen
GWF	Winzergemeinschaft Franken eG
ha	Hektar
h.M.	herrschende Meinung
HGB	Handelsgesetzbuch
Hrsg.; hrsg.	Herausgeber; herausgegeben
i. d. R.	in der Regel
IfM	Institut für Mittelstandsforschung
i. S. v.; i. S. d.	im Sinne von; im Sinne des (der)
i. V. m.	in Verbindung mit

Jh.	Jahrhundert
KfZ	Kraftfahrzeug
KMU	kleine und mittlere Unternehmen
Kommission	Europäische Kommission
Mio.	Million; Millionen
NJW	Neue Juristische Wochenschrift (Zeitschrift)
Nr.	Nummer
Prof.	Professor
RL	Richtlinie
Rn.	Randnummer
S.	Seite
Slg.	Sammlung
s. o.	siehe oben
sog.	so genannt
Tsd.	Tausend
u.U.	unter Umständen
usw.	und so weiter
UWG	Gesetz gegen unlauteren Wettbewerb
VO	Verordnung
vgl.	vergleiche
z.B.	zum Beispiel
z.T.	zum Teil
zzgl.	zuzüglich

I. Einleitung

„Some see private enterprise as a predatory target to be shot, others as a cow to be milked, but few are those who see it as a sturdy horse pulling the wagon."
Sir Winston Leonard Spencer Churchill (1874, † 1965)*

„Nichts geschieht ohne Risiko,
aber ohne Risiko geschieht auch nichts."
Walter Scheel (1919)*

Die beiden einleitenden Zitate verdeutlichen vor allem zwei Dinge: ein Land braucht privates Unternehmertum und eine breite Unternehmenslandschaft, um sich weiter zu entwickeln und um das Wohlstandsniveau kontinuierlich anzuheben. Damit das geschehen kann, bedarf es aber auch der Bereitschaft, Risiken in Kauf zu nehmen und, damit untrennbar verbunden, eine gewisse Fehlertoleranz mitzubringen. Es muss also Menschen geben, die sich unternehmerisch betätigen und die bereit sind, diese Risiken mit allen Konsequenzen einzugehen. Oft fallen Schlagwörter wie „Schumpeter-Unternehmer[1]" oder „Entrepreneurial Spirit[2]", wenn von solchen Menschen die Rede ist. Jedoch gründen die allermeisten von ihnen (zunächst) kein großes Unternehmen oder gar einen Konzern, sondern beginnen im kleinen Rahmen. Immer wieder kommt es vor, dass aus solchen kleinen Betrieben mittlere und nach gewisser Zeit sehr große, erfolgreiche Unternehmen hervorgehen. So war vermut-

[1] Der Begriff geht zurück auf den österreichisch-amerikanischen Ökonomen Joseph Alois Schumpeter, der insbesondere den Begriff der „schöpferischen Zerstörung durch Wettbewerb" mitgeprägt hat.
[2] Etwa mit Unternehmergeist bzw. Gründergeist treffend zu übersetzen.

lich 1931 noch nicht abzusehen, dass das damals von Ferdinand Porsche in Stuttgart gegründete Konstruktionsbüro „Dr. Ing. h.c. F. Porsche G.m.b.H. Konstruktionen und Beratungen für Motoren und Fahrzeugbau“ in weit weniger als einhundert Jahren zu einem der bedeutendsten Sportwagenhersteller der Welt heranwachsen würde[3]. Auch die Entwicklung der Firma UVEX ist beeindruckend. Ein 1926 als "Optische-Industrie-Anstalt Philipp M. Winter" in Fürth-Poppenreuth gegründeter Betrieb zählt heute zu den wichtigsten Anbietern von Schutzbekleidung und Augenschutzartikeln für Industriebetriebe[4]. Obwohl sich hierfür noch eine Vielzahl an Beispielen finden ließe, gemessen an der Gesamtanzahl der Firmenneugründungen sind solche Geschichten eher die Ausnahme. Trotz leicht rückläufiger Entwicklung wurden allein im Jahr 2007 in Deutschland immerhin noch 425.800 Betriebe gegründet[5]. Ein Großteil davon sind kleine und mittlere Unternehmen (dazu 3.). Jedes Jahr wagen Tausende von Menschen den Sprung in die Selbstständigkeit, um ihre Ideen und ihr eigenes Geschäft zu verwirklichen. Viele davon, neu gegründete ebenso wie alteingesessene, scheitern aus den verschiedensten Gründen. Ein schlechtes Geschäftsmodell kann dabei ebenso die Ursache sein, wie schlichtweg eine Unterschätzung des mit dem Erfolg verbundenen Arbeitsaufwands. Auf lange Sicht kann der Unternehmer seinen Geschäftsbetrieb dann nicht aufrecht erhalten und scheidet aus dem Markt aus. Vermeidbar dagegen ist es jedenfalls, Chancen die der Geschäftsalltag mit sich bringt ungenutzt verstreichen zu lassen.

---

[3] Zur Geschichte der Porsche AG vgl. http://www.porsche.com/germany/aboutporsche/porschehistory/milestones/ zuletzt abgerufen am 12.06.2009.
[4] Vgl. http://www.uvex.de zuletzt abgerufen am 12.06.2009.
[5] *Bundesministerium für Wirtschaft und Technologie (Hrsg.):* „Mittelstand: Leistung durch Vielfalt“, S. 32.

Eine dieser Möglichkeiten für kleine und mittlere Unternehmen (KMU[6]) sind Kooperationen. Um die von den Unternehmensgründern aufgenommenen Risiken etwas abzumildern und Anreize zu schaffen, überhaupt unternehmerisch tätig zu werden, ist es sinnvoll, dass der Staat eine funktionierende, faire Wettbewerbsordnung schafft. Nicht alle Marktteilnehmer sind dem Wettbewerbsdruck in gleichem Maße ausgesetzt. Ein Unternehmer, der im Falle des Scheiterns seines Geschäftes oft sogar mit seinem Privatvermögen haftet, hat ein bedeutend höheres Risiko, als eine große Kapitalgesellschaft, die Verluste im Zweifel abschreiben und somit leichter verkraften kann. Im Falle einer (drohenden) Zahlungsunfähigkeit werden dann oft Staatshilfen eingefordert[7] und häufig auch bewilligt, weil dem einzelnen Unternehmen jeweils eine überragende Bedeutung für die gesamte Volkswirtschaft beigemessen wird. Der einzelne mittelständische Unternehmer hat diese Möglichkeit in aller Regel nicht. Verwirklichen lässt sich ein wirksamer Mittelstandsschutz unter anderem durch die Legalisierung von mittelständischen Kooperationen.

---

[6] Obgleich sich die Abkürzung „KMUs" für „kleine und mittlere Unternehmen" in der Praxis sehr stark durchgesetzt hat, wird in dieser Studie sowohl für den Singular als auch den Plural „KMU" als Abkürzung verwendet. Es ist grammatikalisch inkorrekt, dem Plural in der Abkürzung ein „s" hinzuzufügen, welches in der ausgeschriebenen Form nicht vorkommt, auch wenn es in Mode zu sein scheint, diese Art von Anglizismus zu übernehmen.

[7] Aus aktuellem Anlass sei beispielsweise auf die krisengeschüttelten Großunternehmen OPEL und Arcandor verwiesen. Stellvertretend für Mitte 2009 fast täglich neue Meldungen aus der aktuellen Wirtschaftspresse einige Onlineartikel: http://www.faz.net/s/Rub594835B672714A1DB1A121534F010EE1/Doc~ECD998D140F6945E4BB2AC87BC54F1785~ATpl~Ecommon~Scontent.html; http://www.handelsblatt.com/unternehmen/handel-dienstleister/arcandor-staatshilfe-wird-zum-zankapfel%3B2313243;http://www.sueddeutsche.de/wirtschaft/767/468333/text/; Ob die Probleme der Unternehmen durch die Wirtschaftskrise ausgelöst oder nur verstärkt wurden, sei dahingestellt. In jedem Fall ist es so, dass etwa kleinere Automobilzulieferer wenig bis keine Chancen haben, direkte staatliche Unterstützung zu bekommen.

Nach der unterschiedlichen Größe sind verschiedene Unternehmenstypen zu unterscheiden, weil mit der Größe auch eine gewisse Struktur und Strategie einhergeht. Große Konzerne verfügen über Stabstellen, meist sogar über eine eigene Rechtsabteilung, und nehmen sehr häufig externe Beratungsleistungen in Anspruch. Kleinere Betriebe haben diesen „Luxus" oft nicht. Gerade eigentümergeführte Unternehmen am unteren Ende der Einteilungsskala müssen diese strategischen Überlegungen oft neben dem normalen Tagesgeschäft selbst vornehmen, was aus verschiedenen Gründen eine schwierige Aufgabe darstellt. Mit dieser Studie werden auch die Chancen und Risiken der kleineren unter den KMU untersucht. Praktisch hilfreich hierfür sind meine Erfahrungen im elterlichen Betrieb[8] sowie während meiner Ausbildung zum Industriekaufmann[9], verbunden mit dem betriebswirtschaftlichen Hintergrundwissen, welches ich mir im Laufe meines Studiums angeeignet habe. Durch eine Vielzahl von Beobachtungen ist mir aufgefallen, dass gerade die vom Gesetzgeber explizit erlaubten Möglichkeiten der Kooperation nicht immer genutzt werden. Diese Optionen sollen angeführt, deren Nutzen aufgezeigt und aus wettbewerbsrechtlicher Sicht beurteilt werden.

Die Mitarbeit im operativen Geschäft des Betriebes meiner Eltern hat mir viele Kontakte und persönliche Bekanntschaft mit anderen Unternehmern ermöglicht, die mir hilfreiches Anschauungsmaterial

---

[8] Beim Betrieb meiner Eltern handelt es sich um ein Restaurant mit vorwiegend deutscher und fränkischer Küche im mittleren Preisniveau. Der durchschnittliche Jahresumsatz beträgt weniger als 200.000 Euro, die Kernbelegschaft besteht aus fünf Mitarbeitern und wird bei Bedarf um Aushilfen ergänzt. Es wird auch ohne die Kenntnis von Abgrenzungskriterien klar, dass es sich um ein kleines Unternehmen handelt.

[9] September 2001 bis August 2003 bei der Firma UVEX Winter Holding GmbH & Co. KG in Fürth.

lieferten. KMU sind das Rückgrat der deutschen Wirtschaft und in großem Maße mit verantwortlich, dass der Standort an sich und der Wohlstand in unserem Land auf einem so hohen Niveau ist. Deshalb braucht es besagte aktive Mittelstandsförderung und einen Mittelstandsschutz. Nur so ist die Möglichkeit zur Teilnahme an fairem Wettbewerb für Unternehmen jeder Größenklasse gegeben.

II. Zielsetzung der Studie

Diese Studie beschäftigt sich mit den Chancen und Problemen von Kooperationen kleiner und mittlerer Unternehmen und den damit verbundenen wettbewerbsrechtlichen Aspekten. Gerade im deutschen Wirtschaftsraum spielt der Unternehmenstyp KMU eine herausragende Rolle. Während multinationale Unternehmen und Konglomerate in der Regel hervorragend über die rechtlichen Rahmenbedingungen von Kooperationen und Zusammenarbeit mit anderen Unternehmen informiert sind, haben KMU einen deutlichen Nachteil. Viele dieser Unternehmen konzentrieren sich, nicht zuletzt aufgrund knapper Ressourcen, auf ihr Kerngeschäft und operative Tätigkeiten[10], oft ohne etwa die Verbesserungspotentiale von (legalen) Kooperationen in ihr Entscheidungskalkül einzubeziehen. Interessanterweise sehen aber sowohl das europäische als auch das deutsche Wettbewerbsrecht ein entsprechendes Maß an Möglichkeiten der Zusammenarbeit speziell für diesen Unternehmenstypus vor, um Nachteile gegenüber global vernetzten Großunternehmen

[10] Vgl. Unterlagen zur Lehrveranstaltung von Prof. Dr. Haussmann, Bundeswirtschaftsminister a.D., http://www.im.wiso.uni-erlangen.de/IM_V.htm.

auszugleichen[11]. Unter welchen Voraussetzungen diese Kooperationen erlaubt sind und welche Auswirkungen sich dadurch auf den Markt ergeben, soll im Rahmen dieser Studie untersucht werden. Während der erste Teil einen Überblick verschaffen soll, wie die Rahmenbedingungen für KMU aussehen, beschäftigt sich der zweite Teil mit der besonderen Stellung von KMU im Wettbewerbsrecht sowie mit Kooperationen an sich. Im dritten Teil stehen einige Beispiele aus der Unternehmenspraxis im Vordergrund. Ergänzt wird dies um die Beurteilung durch die nationalen Kartellbehörden sowie der Europäischen Kommission. Am Ende erfolgt eine kurze Gesamtbeurteilung der aktuellen Situation und eine kritische Würdigung der Sonderregelungen und Ausnahmen, die der Gesetzgeber bereits geschaffen hat und noch schaffen sollte.

Es soll also eine Verknüpfung zwischen den wettbewerbsrechtlich theoretisch gegebenen Möglichkeiten mit den Erfahrungen aus der Praxis hergestellt werden. In der einschlägigen wissenschaftlichen Literatur finden KMU im Hinblick auf Kooperationsmöglichkeiten und deren wettbewerbsrechtliche Auswirkungen, verglichen mit Großunternehmen, kaum Beachtung. Vom Grunde her erwähnenswert ist eine Dissertation aus dem Jahre 1981[12], die aber mittlerweile als veraltet anzusehen ist. Alleine die deutsche Wiedervereinigung, das Fortschreiten der Europäischen Integration sowie die damit einhergehenden zahlreichen Änderungen der Rechtsvorschriften legen diesen Schluss nahe. Zwar gibt das Bayerische Wirtschaftsministerium seit einigen Jahren einen eigenen Ratgeber für die Kooperati-

[11] Etwa § 3 GWB (Mittelstandskartelle).

[12] *Salje, Peter:* „Die mittelständische Kooperation zwischen Wettbewerbspolitik und Kartellrecht", 1981, J.C.B. Mohr (Paul Siebeck), Tübingen.

on von KMU[13] heraus, beschränkt sich aber auf die Zusammenfassung der rechtlichen Gegebenheiten, ohne auf die unternehmensspezifischen Situationen einzugehen. Auch die Industrie und Handelskammern (IHK) bemühen sich, kleineren Unternehmen Hilfestellungen zu geben[14], konzentrieren sich dabei aber vorwiegend auf die operative Durchführung von Kooperationen. Eine Gesamtbetrachtung bleibt allzu oft aus. Diese Studie versucht, die Lücke ein Stück weit zu schließen.

---

[13] *Bayerisches Staatsministerium für Wirtschaft, Infrastruktur, Verkehr und Technologie:* „Kooperation und Wettbewerb", Ein Ratgeber für kleine und mittlere Firmen, aktuell in der 6. neu bearbeiteten Auflage aus dem Jahr 2006.

[14] Vgl. *Hille, Hans-Eduard und Schraml, Claudia*: „Kooperation von Dienstleistern - mit Kooperationen zum Erfolg!", *IHK Darmstadt (Hrsg.); Jülicher, Antje und Hoffmann, Ulrich (Hrsg.)*: „Personalentwicklung im Verbund; Ein Leitfaden zur Initiierung und Gestaltung", http://www.weingarten.ihk.de/artikel/download/merkblaetter/standort politik/Proregio.pdf, zuletzt abgerufen am 06.06.2009.

III. Überblick und Rahmenbedingungen

1. Der funktionale Unternehmensbegriff im Wettbewerbsrecht

Normadressat der Art. 81 und 82 EGV sind nicht die Mitgliedstaaten der Europäischen Union, sondern „die Unternehmen" selbst[15]. Es bedarf einer Definition dieses Begriffs, um klären zu können an wen genau sich diese Artikel richten. In der Unternehmensführung versucht man die Frage, was ein Unternehmen ist, dahingehend zu beantworten, dass es als „vielschichtiges Phänomen, das sich durch eine große Anzahl unterschiedlicher Merkmale auszeichnet"[16] beschrieben wird. Diese unterschiedlichen Merkmale, wie etwa Erstellung von Produkten und Leistungen zum Verkauf, Rechtsform, Standortstruktur oder etwa die finanzielle Situation sind aus betriebswirtschaftlicher Sicht auch zutreffend. Allerdings hat der EuGH festgestellt, dass eine derartige oder ähnliche Definition aus wettbewerbsrechtlicher Sicht nicht weit genug gehen würde[17]. Bereits in den frühen 1990ern hat der EuGH klargestellt, dass etwa auch staatliche Stellen wie eine Arbeitsvermittlung betreibende öffentlich-rechtliche Anstalt für Arbeit[18] als Unternehmen im Sinne des ge-

---

[15] Vgl. *Lenz, Carl Otto und Borchardt, Klaus-Dieter (Hrsg.):* „Kommentar zu dem Vertrag über die Europäische Union und zu dem Vertrag zur Gründung der Europäischen Gemeinschaft", S. 946f.; *Streinz, Rudolf (Hrsg.):* „EUV/EGV - Vertrag über die Europäische Union und Vertrag zur Gründung der Europäischen Gemeinschaft", S. 917f. Rn. 21ff.

[16] *Hungenberg, Harald:* „Grundlagen der Unternehmensführung", S. 1ff.

[17] Vgl. *Jung, Christian* in *Ruffert, Matthias; Calliess, Christian (Hrsg.):* „EUV/EGV", Art. 86 EGV, Rn. 11.; *Mestmäcker, Ernst - Joachim; Schweitzer, Heike:* „Europäisches Wettbewerbsrecht", § 33, Rn. 18; *Mäger, Thorsten (Hrsg.)*: „Europäisches Kartellrecht", 1. Kapitel, Rn. 12f.

[18] Verhandelt wurde das frühere Arbeitsvermittlungsmonopol der Bundesanstalt für Arbeit in Deutschland.

meinschaftlichen Wettbewerbsrechts[19] qualifiziert werden kann. Als Unternehmen wird „jede eine wirtschaftliche Tätigkeit ausübende Einheit, unabhängig von ihrer Rechtsform und der Art ihrer Finanzierung“[20] angesehen. Dazu zählen auch gemeinnützige Organisationen, es ist noch nicht einmal eine Gewinnerzielungsabsicht erforderlich[21]. Hauptgrund für eine derart weite Auslegung ist sicher auch die Tatsache, dass andernfalls ein Abwandern der Unternehmen in „gemeinnützige Bereiche“ sowie andere Versuche der Umgehung der Wettbewerbsregeln als Folgen zu befürchten wären. Ziel des Wettbewerbsrechts ist es ja gerade, einen funktionierenden Wettbewerb zu gewährleisten und vor Verzerrungen zu schützen. Dem BGH folgend erfüllt „jedwede Tätigkeit im wirtschaftlichen Verkehr den Unternehmensbegriff“[22].

Zentrales Merkmal des Unternehmensbegriffs des Vertrages über die Gründung der Europäischen Gemeinschaft ist also die Ausübung einer wirtschaftlichen Tätigkeit, was allgemein als „funktionaler Unternehmensbegriff“ bezeichnet wird[23]. Diesem funktionalen Begriff steht der institutionelle Unternehmensbegriff entgegen, welcher das Hauptaugenmerk auf die Organisation und die Dauer der wirtschaftlichen Einheit richtet. In der Praxis ist heute aber der funktio-

---

[19] Dazu kritisch *Schachtschneider, Karl Albrecht:* „Fallstudien zum Öffentlichen Wirtschaftsrecht“, S. 62ff.

[20] EuGH vom 23.04.1991, Rs. C-41/90 Höfner und Elser/Macroton.

[21] *Streinz, Rudolf*, Europarecht, Rn. 987.

[22] BGH NJW 1974, Heft 49, S. 2236.

[23] Vgl. EuGH vom 12.12.1974 - Rs. 36/74 Walrave/Union Cycliste Internationale, Slg. 1974. 1405 (1418); *Emmerich, Volker:* „Kartellrecht“, §3, Rn. 24ff.; *Haberstumpf, Helmut:* „Wettbewerbs- und Kartellrecht, gewerblicher Rechtsschutz“, S. 32.

nale Unternehmensbegriff vorherrschend[24]. Um dem Praxisbezug gerecht zu werden, bezieht sich diese Studie daher grundsätzlich auf den funktionalen Unternehmensbegriff.

2. Definition kleiner und mittlerer Unternehmen (KMU)

Auch eine weitere Untergliederung des Unternehmensbegriffs nach Größenkriterien ist nicht ohne weiteres durchführbar. Da der Begriff „kleine und mittlere Unternehmen“ noch wenig aussagt, liegt es nahe, dass es mehrere Möglichkeiten der Abgrenzung gibt[25]. Für das Wettbewerbsrecht entscheidend ist die quantitative Abgrenzung, weil diese anhand von objektiven Kriterien einfach und von jedermann überprüfbar ist. Dennoch sollte nicht vernachlässigt werden, dass starre Grenzen keinerlei Spielraum für Interpretationen lassen. Es sind durchaus Fälle denkbar, in denen ein per definitionem „kleines“ Unternehmen in der Realität wie ein Großunternehmen auftritt oder eben andersherum ein nach quantitativer Abgrenzung „großes“ Unternehmen ansonsten alle Merkmale eines KMU erfüllt. Daher reicht eine rein zahlenmäßige Betrachtung nicht aus, gerade in Grenzfällen sollte zusätzlich eine qualitative Abgrenzung mit herangezogen werden, um dem Wesen des Mittelstandsschutzes gerecht zu werden. Da die KMU-Definition der Europäischen Kommission

---

[24] Vgl. *Emmerich, Volker:* „Kartellrecht“, §3, Rn. 24ff.; *Mäger, Thorsten (Hrsg.)*: „Europäisches Kartellrecht“, 1. Kapitel, Rn. 12; *Mestmäcker, Ernst - Joachim; Schweitzer, Heike*: „Europäisches Wettbewerbsrecht“, § 8, Rn. 5ff.; *Stockenhuber, Peter* in *Grabitz, Eberhard; Hilf, Meinhard; Nettesheim, Martin (Hrsg.)*: „Das Recht der Europäischen Union - EGV“, Art. 81, Rn. 51.

[25] Zu den vielfältigen Möglichkeiten der Abgrenzung des Begriffs in der Literatur vgl. u.a. *Schauf, Malcolm (Hrsg.):* „Unternehmensführung im Mittelstand“; *Krol, Florian:* „Wertorientierte Unternehmensführung im Mittelstand“; *Lethmathe, Peter et. al. (Hrsg.):* „Management kleiner und mittlerer Unternehmen“; *Krüger, Wolfgang et. al.:* „Praxishandbuch des Mittelstands“.

die Mitgliedstaaten aber ausdrücklich nicht bindet[26], kann diesem Problem bei Bedarf auf nationaler Ebene Rechnung getragen werden. Im Folgenden werden nun die verschiedenen Möglichkeiten der Untergliederung erläutert.

2.1 Quantitative Abgrenzung

Folgt man der Definition der Europäischen Kommission[27], so liegen die Schwellenwerte für Mikro-, Klein- und Mittelgroßunternehmen bei weniger als zehn, zwischen zehn und 49 sowie zwischen 50 und 249 Mitarbeitern (siehe Abb. 1). Als weiteres Kriterium für die Einteilung wird hier der Jahresumsatz oder die Bilanzsumme, jeweils maßgebend in einer kritischen Höhe, herangezogen.

Unternehmens-kategorie	Zahl der Beschäftigten	Umsatz in € pro Jahr	oder	Bilanz-summe
mikro	bis 9	bis 2 Mio.		bis 2 Mio.
klein	10 bis 49	bis 10 Mio.		bis 10 Mio.
mittelgroß	50 bis 249	bis 50 Mio.		bis 43 Mio.

[Abb. 1 – KMU-Schwellenwerte der EU seit 1. Januar 2005][28]

Ähnlich der Kommission stuft auch das Institut für Mittelstandsforschung in Bonn (IfM) die Unternehmenskategorien ab. Dabei erfolgt die Einteilung aber lediglich nach Anzahl der Beschäftigten sowie dem jährlichen Umsatz. Interessanterweise liegen die Grenzen für

---

26 Vgl. *Europäische Kommission (Hrsg.):* „Die neue KMU - Definition; Benutzerhandbuch und Mustererklärung", Europäische Gemeinschaften, S. 6, gestützt auf die „Empfehlung der Kommission vom 6. Mai 2003 betreffend die die Definition der Kleinstunternehmen sowie der kleinen und mittleren Unternehmen", ABl. Nr. L 124 vom 20.05.2003 S. 36ff.

27 Derzeit aktuelle Fassung veröffentlicht in ABl. Nr. L 124 vom 20.05.2003, S. 36ff.

28 Quelle der Daten: http://europa.eu.

die Mitarbeiterzahl deutlich höher als sie die Kommission ansetzt. So gilt ein Unternehmen erst mit 500 und mehr Beschäftigten, also doppelt so vielen, als „groß“ (siehe Abb.2).

Unternehmens-kategorie	Zahl der Beschäftigten	Umsatz in € pro Jahr
klein	bis 9	bis unter 1 Mio.
mittel	10 bis 499	1 bis unter 50 Mio.
Mittelstand (KMU) zusammen	bis 499	bis unter 50 Mio.
groß	500 und mehr	50 Mio. und mehr

[Abb. 2 – KMU-Schwellenwerte nach Definition des Instituts für Mittelstands-forschung, Bonn][29]

Es ist festzuhalten, dass die Werte des Instituts für Mittelstandsforschung keine rechtlich verbindliche Definition darstellen, sondern als Richtwert für statistische Analysen dienen. So weist das IfM sogar explizit darauf hin, dass in Abhängigkeit des Verwendungszwecks verschiedene andere Merkmale zur Abgrenzung der KMU denkbar und womöglich sinnvoller sind[30]. Wie im Laufe dieser Studie noch dargelegt werden wird, spielen Kriterien wie Marktanteil und Marktmacht eine noch erheblich wichtigere Rolle, wenn eine Beeinträchtigung des Wettbewerbs droht. Die Definition der Kommission findet vorrangig bei der Frage der Mittelstandsförderung im Rahmen des Beihilferechts Anwendung. Sie ist dort dann verbindliche Auslegung. Für den Tatbestand des Art. 87 ff. EGV ist entscheidend, ob eine Beihilfe den zwischenstaatlichen Handel inner-

[29] Quelle der Daten: http://www.ifm-bonn.org/index.php?id=89 zuletzt abgerufen am 18.06.2009.

[30] http://www.ifm-bonn.org/index.php?id=67 zuletzt abgerufen am 05.06.2009.

halb der Union beeinträchtigen kann oder nicht. Beihilfen an kleine und mittlere Unternehmen hat die EU daher unter bestimmten Voraussetzungen von der vorher geltenden Anmeldungs- und Genehmigungspflicht befreit[31], weil sie eine Beeinträchtigung des Wettbewerbs durch KMU als grundsätzlich nicht erfüllt sieht.

Um jedoch eine massenhafte Flucht großer Unternehmen in die Unternehmenskategorien der KMU zu verhindern, etwa durch geschickte Aufteilung eines Konzerns in mehrere, die KMU – Tatbestände erfüllende Gesellschaften, kommt eine weitere Anforderung hinzu, nämlich die der Unabhängigkeit. Dabei wird gefordert, dass das Unternehmen eigenständig ist. Nach Empfehlung der Kommission ist dies der Fall, wenn kein anderes Unternehmen mehr als 25 % der Anteile[32] am betreffenden Unternehmen hält und auch nicht mehr als 25 % der Anteile an einem anderen Unternehmen gehalten werden[33]. Abbildung 3 stellt diesen Zusammenhang grafisch dar. Auf entsprechende Ausnahmen nach Art. 3 II a-d des Anhangs zur KMU - Definition der Kommission[34] soll hier nicht eingegangen werden.

---

[31] Vgl. Verordnung (EG) Nr. 70/2001 vom 12. Januar 2001, ABl. Nr. L 10 vom 13.01.2001.

[32] Anteil im Sinne von Kapital oder Stimmrechten.

[33] *Europäische Kommission (Hrsg.):* „Die neue KMU – Definition: Benutzerhandbuch und Mustererklärung“, 2006, S. 16f.

[34] ABl. (EU) Nr. L 124/39 vom 20.05.2003.

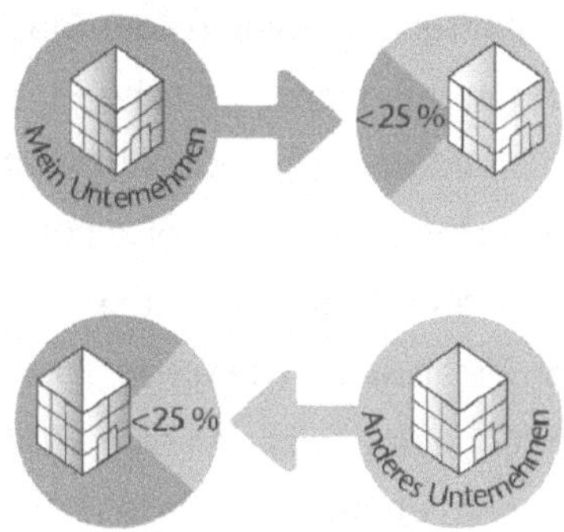

[Abb. 3 – Eigenständigkeit nach Definition der Kommission[35]]

Ergänzend sei darauf hingewiesen, dass auch das deutsche Handelsrecht eine „Umschreibung der Größenklassen" von Unternehmen vorsieht[36]. Insgesamt weicht diese jedoch kaum von den anderen beiden Einteilungen ab. Die Anforderungen hinsichtlich der Mitarbeiterzahlen sind ähnlich denen der Kommission, lediglich die Grenzen für Umsatz und Bilanzsumme sind knapper bemessen. Diese Einteilung betrifft aber lediglich Kapitalgesellschaften und gilt zudem nur für die Erstellung und Veröffentlichung des Jahresabschlusses, hat hier also untergeordnete Bedeutung.

2.2 Qualitative Abgrenzung

Neben den eben genannten objektiven, einfach überprüfbaren Merkmalen soll ergänzend noch auf qualitative Aspekte der KMU - Abgrenzung eingegangen werden. Gerade die sozioökonomischen Aspekte, wie etwa die häufig vorkommende Einheit von Eigentum und Unternehmensleitung, sind kennzeichnend für KMU. Während

[35] *Europäische Kommission (Hrsg.)*: „Die neue KMU – Definition: Benutzerhandbuch und Mustererklärung", 2006, S. 17.
[36] Vgl. § 267 HGB.

Großunternehmen die Unternehmensführung in aller Regel Managern überlassen, finden sich in KMU normalerweise typische Eigentümer-Unternehmer[37]. Die internen Strukturen sind für Außenstehende oft schwer zu erkennen, je nach Unternehmensgröße teilweise nicht einmal formalisiert. Im Vordergrund steht das dienstleistungsorientierte Tagesgeschäft, Improvisation und Intuition spielen eine große Rolle. Großunternehmen hingegen zeichnen sich oft dadurch aus, dass sich eine umfangreiche Planung sowie eine prozessorientierte Unternehmensführung gegenseitig stützen. Dies spiegelt sich auch im Grad der Arbeitsteilung wider. In KMU kommen viel mehr Generalisten zum Einsatz, was in starkem Gegensatz zur hohen Arbeitsteilung in großen Unternehmen steht[38]. Erwartungsgemäß finden sich diese Unterscheidungsmerkmale in den meisten Funktionsbereichen. Einerseits entlang der Wertschöpfungskette, von Forschung & Entwicklung, Beschaffung über Produktion bis zum Absatz, andererseits aber auch in abteilungsübergreifenden Stellen wie Personalmanagement, Organisation, Logistik und Finanzierung[39]. Auch wenn diese Merkmale in verschiedenen KMU unterschiedlich ausgeprägt sind, so ist doch eine Abgrenzung zu großen Unternehmen zu erkennen[40].

---

[37] Vgl. *Thüringer Ministerium für Wirtschaft, Technologie und Arbeit (Hrsg.)*: „Mittelstands- und Jahreswirtschaftsbericht 2005“, S. 12.

[38] Vgl. Unterlagen zur Lehrveranstaltung von Prof. Dr. Haussmann, Bundeswirtschaftsminister a.D., http://www.im.wiso.uni-erlangen.de/IM_V.htm.

[39] Vgl. *Pfohl, Hans-Christian:* „Betriebswirtschaftslehre der Mittel- und Kleinbetriebe“, S. 19ff.

[40] Es bleibt anzumerken, dass je nach Auffassung und Forschungsschwerpunkt auch Unternehmen mit mehreren Tausend Mitarbeitern und einem Jahresumsatz von weit über 50 Mio. Euro dem Mittelstand zugerechnet werden können, beispielsweise wenn sich ein Unternehmen in Familienbesitz befindet. Diese Ansicht ist etwa für Fragen des strategischen Managements sicher zu vertreten, im Rahmen dieser Studie bleiben diese Art von Mittelstandsunternehmen jedoch unter Hinweis auf den wettbewerbsrechtlichen Aspekt weitgehend unbeachtet. Zu alternativen Möglichkeiten der Abgrenzung sei auf Fn. 25 verwiesen.

3. Die Bedeutung der KMU in Deutschland

Deutschland hatte im Jahr 2007 einen Bestand von etwa 3,59 Millionen gemeldeten Unternehmen, laut Unternehmensregister 3.140.509 davon umsatzsteuerpflichtig[41]. Folgt man der Definition des IfM in Bonn, so sind von diesen mit 3.130.242 nahezu alle von kleiner oder mittlerer Größe[42]. Dies entspricht einem Anteil von etwa 99,7 %. Dabei erzielten sie einen Umsatz von 1.932 Milliarden Euro, was 37,5 % des gesamten steuerpflichtigen Umsatzes in der Bundesrepublik Deutschland entspricht. Noch beeindruckender verhält es sich mit der Arbeitsplatzsituation, 70,6 % aller Beschäftigten stehen in einem kleinen oder mittleren Unternehmen unter Vertrag[43]. Über zwei Drittel aller deutschen Arbeitnehmer sind also direkt auf den Erfolg des Mittelstandes angewiesen. Diese Zahlen verdeutlichen, weshalb der Mittelstand einen besonderen Schutz gegenüber Großunternehmen braucht, wenn er durch diese bedroht wird. Obwohl Kooperationen und Kartelle grundsätzlich schlecht für den Wettbewerb sind, stellen sie unter bestimmten Voraussetzungen immer noch eine bessere Alternative dar, als deren Verbot. Es liegt auf der Hand, dass wenn man Mittelständlern keine Chance gibt, gegen einen großen Konzern zu bestehen, letzterer nach gewisser Zeit über die alleinige Marktmacht verfügt, weil die kleinen Konkurrenten sukzessive aus dem Markt ausscheiden. Um das zu verhindern muss man eine gewisse Art „Waffengleichheit“ schaffen. Ein konstruiertes einfaches Beispiel, noch ohne stärkeren wettbewerbs-

[41] Steuerpflichtiger Jahresumsatz 17.500 Euro und mehr.
[42] Zahlen basieren auf Berechnungen des Monats April 2009, Statistisches Bundesamt und IfM Bonn.
[43] Rechnet man die nicht sozialversicherungspflichtigen Beschäftigten heraus, so bleiben immerhin noch 65,9 % übrig.

rechtlichen Bezug, soll dies veranschaulichen. Angenommen, eine kleine Stadt, deren Bürger sich selbst mit Nahrungsmitteln von den umliegenden Feldern versorgen[44], kaufen diese täglich auf dem Markt ein. Neben diversen Kleinbauern tritt dort auch ein Großbauer auf, der seine Waren aufgrund der für ihn deutlich geringeren Produktionskosten auch deutlich billiger anbieten könnte, als seine Konkurrenten. Da der Markt aber regional begrenzt ist und er seine Waren, wie alle anderen Bauern auch, nur in betreffender Stadt absetzen kann, hat er keinen Anreiz, seine niedrigeren Kosten in vollem Umfang weiterzugeben. Es reicht ihm, wenn er den Preis der Konkurrenz minimal unterbietet, das Preisniveau orientiert sich also an der Kostenstruktur der Kleinbauern und ist verhältnismäßig hoch. Der Stadtrat, stellvertretend für die Kartellbehörden, steht also vor der Wahl[45], entweder die Situation hinzunehmen und die hohen Preise zu akzeptieren oder eine Zusammenarbeit[46] der Kleinbauern zu gestatten, allerdings unter der Voraussetzung, dass diese die Verbraucher angemessen an dem entstandenen Gewinn beteiligen[47]. Als Folge werden die Preise zumindest für einen Teil der Waren sinken, wenn die Kooperation der Kleinbauern zugelassen wird. Je nach Angebotssituation, es herrscht ja ein leichter Angebotsüberhang, ist der Großbauer dann unter Umständen sogar gezwungen, selbst seine Preise zu senken, falls die kooperierenden Kleinbauern die Ausbringungsmenge derart erhöhen, dass er Gefahr läuft, keine Waren mehr abzusetzen. In jedem Fall wird aber

[44] Importe oder Einkauf von anderen Städten seien nicht möglich, die Menge der angebotenen Waren ist etwas mehr, als benötigt wird, um den Bedarf der Stadt zu decken.
[45] Ein Preiszwang für den Großbauern ist ausgeschlossen.
[46] Etwa durch gemeinsame Bewirtschaftung der Felder, zusammenlegen der Logistik für den Transport zum Markt, gemeinsam genutzte Maschinen etc.
[47] Orientiert an Art. 81 III EGV.

die gesamtwirtschaftliche Wohlfahrt erhöht, weil ein Teil der Waren günstiger angeboten wird als zuvor. Natürlich ist dieses Beispiel zweifelsohne als „konstruiert" zu erkennen und man kann zu Recht Kritik anbringen. Dem Grunde nach wird aber trotzdem deutlich, dass eine Kooperation von kleinen Unternehmen durchaus dazu führen kann, eine ernst zu nehmende Konkurrenz für (monopolartig auftretende) Großanbieter darzustellen.
In Deutschland verfügen wir über eine Vielzahl dieser kleinen Unternehmen, die sich, nicht zuletzt auch wegen der Verbreitung neuer Technologien wie dem Internet, einer Übermacht gegenübersehen und existenziell bedroht sind. Ein Beispiel, das später noch weiter ausgeführt wird, sind etwa kleine Floristengeschäfte und Blumenläden. Sowohl Großanbieter die über das Internet vertreiben als auch Gartenabteilungen in Baumarktketten[48] zwingen kleine Unternehmen regelrecht zum Handeln, sei es in Form von Wettbewerb oder eben dem Ausscheiden aus dem Markt.

4. Generelle Situation und Probleme der KMU

Aufgrund der eingeschränkten Publizitätspflichten agieren KMU oft im Verborgenen[49], was Ihnen einerseits Vorteile gegenüber ihren Wettbewerbern verschaffen kann, andererseits aber auch zu einer relativ schwachen Berücksichtigung in der Fachliteratur führt. Damit

---

[48] Hornbach und Obi haben ihr Angebot hier in den letzten Jahren deutlich erweitert, Angaben dazu resultieren aus Analyse der Firmenselbstdarstellung unter http://www.hornbach.de/home/de/html/index.phtml und http://www.obi.de/de/company/de/Unternehmen/Historie/index.html, jeweils zuletzt abgerufen am 12.06.2009.
[49] *Simon, Hermann:* „Hidden Champions des 21. Jahrhunderts", S. 27.

versäumen sie die Chance, vom Fortschritt der Management- und Unternehmensforschung[50] in gleichem Maße zu profitieren, wie ihre teilweise um ein Vielfaches größeren Wettbewerber. Diese Nichtbeachtung in der Literatur führt wiederum zu einer geringeren Bekanntheit und damit zu geringerer Attraktivität für potentielle Arbeitnehmer. Eine Studie der Financial Times Deutschland zeigt[51], dass sich in den Top 15 der Wunscharbeitgeber für Wirtschaftswissenschaftler kein einziges Unternehmen findet, auf das die Merkmale eines KMU zutreffen (siehe Abb. 4). Auch neuere Studien, wie etwa eine repräsentative Umfrage des Manager Magazins[52] belegen diesen Trend.

[50] In meinen Studienschwerpunkten Unternehmensführung und Internationales Management fanden sich beispielsweise nur zwei Kurse, die sich explizit mit KMU in der wirtschaftswissenschaftlichen Forschung beschäftigt haben.

[51] http://www.ftd.de/karriere_management/karriere/:Ranking%20Die%20Arbeitgeber%20Uni %20Absolventen/78107.html.

[52] Manager Magazin, Ausgabe 9/2008, S. 114ff.

Rang 2008	Unternehmen	Prozent 2008	Trend Rang	Rang 2007
1	Porsche	9,8	↑	2
2	BMW	9,7	↓	1
3	Audi	7,9	↑	8
4	PricewaterhouseCoopers	7,0	↓	3
5	Deutsche Lufthansa	6,8	↑	6
6	Ernst & Young	6,7	↓	5
7	KPMG	6,5	↓	4
8	Adidas	6,4	↓	7
9	Deutsche Bank	6,0	→	9
10	Daimler	5,6	→	10
11	Siemens	5,3	↑	12
12	McKinsey	5,2	↑	14
13	Auswärtiges Amt	4,7	↓	11
14	BCG The Boston Consulting Group	4,3	↑	17
15	L'Oréal Deutschland	4,1	→	15
16	Procter & Gamble	3,6	→	16
16	Robert Bosch	3,6	↑	26
16	SAP	3,6	↑	17
19	Ikea Deutschland	3,5	↓	13
20	Google	3,3	Neu	

[Abb. 4: Beliebteste Arbeitgeber deutscher Uni-Absolventen (Wirtschaftswissenschaften)[53]]

Die Liste unterscheidet sich kaum von der aus den Jahren 2005 und 2006, in der Gesamtstudie findet sich gar in den Top 100 kein einziges Unternehmen, auf das die Kriterien eines KMU zutreffen. In beiden Studien wurden die Top-Arbeitgeber von den Studenten gewählt. Um das Ergebnis etwas zu relativieren muss natürlich berücksichtigt werden, dass viele Stimmen sicher aufgrund von Praktikumserfahrungen vergeben wurden und größere Unternehmen mit mehreren Hundert Praktikanten pro Jahr eine bessere Chance haben als KMU, die nur einige wenige Praktikanten einstellen. Auch die Markenbekanntheit und Beliebtheit hat sicher einen Teil zu diesem Ergebnis beigetragen. Dennoch ist es für KMU in der Tat

[53] Quelle: Manager Magazin, Ausgabe 9/2008, S. 117.

schwieriger, an qualifizierten Führungskräftenachwuchs zu gelangen. Diese Rekrutierungsschwierigkeiten werden zudem verstärkt durch die speziellen Führungsstrukturen. Den Eigentümer-Unternehmern mangelt es oft an fundierten Unternehmensführungskenntnissen[54], da die Mehrzahl der Betriebe Familienunternehmen sind, werden die oberen Führungsebenen meistens mit Familienmitgliedern besetzt. Für familienexterne, hochqualifizierte Universitätsabsolventen ist diese Einschränkung in ihren Entwicklungsmöglichkeiten elementar. Kombiniert mit oft unattraktiveren Standorten[55], die sich aus der Entstehung der Unternehmen ergeben, sowie einer durchschnittlich geringeren Entlohnung, ziehen die besten Absolventen den Einstieg in einem Großunternehmen vor. Es erfolgt also eine Negativselektion, wobei mit diesem Begriff vorsichtig umgegangen werden muss. Ein formal schlechterer Student muss nicht zwingend auch ein schlechterer Arbeitnehmer sein, als ein Top-Absolvent. Allerdings haben die Erkenntnisse des Signalling-Models[56] durchaus ihre Berechtigung. Eine tiefgehende, sehr gut absolvierte formale Bildung sendet automatisch ein Signal an (potentielle) Arbeitgeber, dass der betreffende Kandidat in der Lage und gewillt ist, überdurchschnittliche, herausragende Leistungen zu erbringen und somit formal schlechteren Kommilitonen vorzuziehen ist. Somit erhalten KMU, zumindest auf die Gesamtheit aller Berufseinsteiger bezogen, die weniger leistungsbereiten oder weniger leistungsfähigen Studenten.

---

[54] Vgl. *Pfohl, Hans-Christian:* „Betriebswirtschaftslehre der Mittel- und Kleinbetriebe", S. 19f.

[55] Vgl. Unterlagen zur Lehrveranstaltung von Prof. Dr. Haussmann, Bundeswirtschaftsminister a.D., http://www.im.wiso.uni-erlangen.de/IM_V.htm.

[56] Vertiefend dazu *Wigger, Berthold U.:* „Grundzüge der Finanzwissenschaft", S. 247ff.

Ein weiteres großes Problem von KMU ist die Kapitalstruktur und die Finanzierung[57]. Aufgrund des geringen oder gar nicht vorhandenen Streubesitzes ist der Zugang zum anonymen Kapitalmarkt oft nicht möglich. Kredite von Banken müssen meist durch Privatvermögen der Eigentümer abgesichert werden, was die Bereitschaft Risiken einzugehen erheblich einschränkt. Mit Größe und Kapital untrennbar verbunden ist auch die Forschung und Entwicklung (F&E). Eine permanente Entwicklungsabteilung, die auch Grundlagenforschung betreibt, existiert in den allermeisten der KMU nicht[58]. Die wirtschaftliche Nutzung einer Erfindung muss relativ zeitnah erfolgen, um Cash Flows generieren zu können, häufig hängt der Gesamterfolg der Unternehmung an einem oder wenigen Produkten.
Im Vergleich mit Großunternehmen lassen sich viele weitere Problemfelder von KMU in den verschiedensten Bereichen aufzeigen[59], welche die Ausgangssituation von KMU insgesamt erschweren. Die meisten dieser Probleme und Nachteile von KMU sind umso stärker ausgeprägt, je kleiner und eigenständiger das Unternehmen ist. Um zumindest etwas Abmilderung zu erlangen, können Kooperationen ein probates Mittel darstellen. Als Beispiele seien die Zusammenarbeit in Forschung und Entwicklung oder gemeinschaftliches Marketing bereits genannt. Im Folgenden sollen diese und weitere Möglichkeiten, nach einer grundlegenden Einführung in das Wettbewerbsrecht, noch detailierter ausgeführt werden.

---

[57] *Pfohl, Hans-Christian:* „Betriebswirtschaftslehre der Mittel- und Kleinbetriebe", S. 21.
[58] ebd.
[59] Neben den bereits genannten etwa in der Organisation, Beschaffung, Absatz, Entsorgung oder Logistik.

5. Einführung in das Wettbewerbsrecht

Das Wettbewerbsrecht der Bundesrepublik Deutschland ist im Wesentlichen in zwei Teile untergliedert. Einerseits soll das Gesetz gegen den unlauteren Wettbewerb (UWG) Konkurrenten vor sittenwidrigem oder unfairem Wettbewerb schützen. Andererseits werden die Verbraucher durch das Gesetz gegen Wettbewerbsbeschränkungen (GWB) davor geschützt, dass der Wettbewerb eingeschränkt oder gar ganz ausgeschaltet wird. Somit wird insgesamt der Wettbewerb als solcher geschützt und dessen Funktionieren sichergestellt. Im Jahre 2005 wurde mit der 7. Novelle des GWB[60] das deutsche Wettbewerbsrecht dem der Europäischen Union weitestgehend angeglichen[61]. Maßgeblich verantwortlich hierfür ist die Tatsache, dass der deutsche Gesetzgeber eine Benachteiligung von Kooperationen ohne grenzüberschreitenden Bezug verhindern möchte[62]. So beinhaltet die neuerliche Novellierung des GWB also in erster Linie die Sicherstellung eines Gleichlaufs zwischen deutschem und europäischem Recht[63], stellt aber gerade hinsichtlich der Beurteilung von Kooperationen kleiner und mittlerer Unternehmen deutliche Unterschiede heraus, deren Vor- und Nachteile näher betrachtet werden sollen. Für diese Studie maßgebliches Regelwerk ist das GWB, dessen materiellrechtlicher Teil „Wettbewerbsbeschränkungen“ aus den drei Säulen Kartellverbot, Missbrauchsverbot und Zusammen-

---

[60] Am 1. Juli 2005 in Kraft getreten.

[61] Dazu BT - Drucksache 15/5735 vom 15.06.2005.

[62] *Rißmann, Karin:* „Kartellverbot und Kooperation zwischen kleinen und mittleren Unternehmen nach der 7. GWB – Novelle“, S. 1.

[63] Vgl. *Haberstumpf, Helmut*: „Wettbewerbs- und Kartellrecht, gewerblicher Rechtsschutz“, S. 29ff.; *Lutz, Martin:* „Schwerpunkte der 7. GWB – Novelle“, S.1.; *Rißmann, Karin:* „Kartellverbot und Kooperation zwischen kleinen und mittleren Unternehmen nach der 7. GWB – Novelle“, S.1.

schlusskontrolle besteht[64]. Im ersten Abschnitt (§§ 1 - 3 GWB) ist das eigentliche Kartellverbot enthalten, näher bezeichnet durch „Wettbewerbsbeschränkende Vereinbarungen, Beschlüsse und abgestimmte Verhaltensweisen“. Allein der Wortlaut des § 1 GWB ergibt, dass notfalls mit Hilfe des Auffangtatbestandes jegliche Kooperation von Unternehmen verboten werden kann, sollte sie nicht durch eine andere Rechtsnorm freigestellt sein. Im Zuge der Reformen des GWB sind die §§ 4 - 18 GWB weggefallen. Der zweite Abschnitt behandelt das Missbrauchsverbot (§§ 19 - 21 GWB), insbesondere das Verbot der missbräuchlichen Ausnutzung einer marktbeherrschenden Stellung. Für diese Abschnitte ist eine Neugestaltung der Entscheidungs- und Sanktionsbefugnisse mit eingeflossen, die in den §§ 32 - 34a GWB zu finden ist. Das Verhältnis des GWB zu den Regelungen des EGV und damit des europäischen Wettbewerbsrechts, ist in § 22 GWB geregelt. Dritte genannte Säule, die Fusions- bzw. Zusammenschlusskontrolle, ist in den §§ 35 - 43 GWB niedergeschrieben, findet aber nur Anwendung, sofern ein Zusammenschlussvorhaben nicht in den Geltungsbereich der von der Kommission erlassenen Fusionskontrollverordnung[65] fällt. Die weiteren Abschnitte des ersten Teils sowie die weiteren fünf Teile des GWB sollen hier nicht näher ausgeführt werden.

Auf europäischer Ebene sind die Vorschriften zum Wettbewerbsrecht in den Art. 81 - 86 EGV sowie im daraus resultierenden Sekundärrecht niedergeschrieben. Der EGV untersagt dabei, vorbehaltlich explizit erwähnter Ausnahmen, wettbewerbsbeschränkende

---

[64] *Der Betrieb (Hrsg.):* „Die Änderungen des Gesetzes gegen Wettbewerbsbeschränkungen durch die 7. GWB – Novelle“, Heft 26/27 vom 08.07.2005, S. 1437f.

[65] Genauer: „Verordnung (EG) Nr. 139/2004 des Rates über die Kontrolle von Unternehmenszusammenschlüssen“, ABl. (EG) Nr. L 24 S. 1, welche eine Neufassung der noch in § 35 III GWB genannten VO (EG) 4064/89 ist.

Vereinbarungen[66] sowie die missbräuchliche Ausnutzung einer marktbeherrschenden Stellung[67]. Des Weiteren wird die Fusionskontrolle sowie die Behandlung von öffentlichen und monopolartigen Unternehmen geregelt[68].

Diese Studie beschäftigt sich mit den Problemstellungen der Kooperationen zwischen KMU. Wettbewerbsrechtlich ist dadurch primär auf die Thematik der wettbewerbsbeschränkenden Vereinbarungen, am Rande die missbräuchliche Ausnutzung einer marktbeherrschenden Stellung, einzugehen. Bevor man sich aber den Feinheiten und Sonderregelungen des Wettbewerbsrechts zuwendet, stellt sich zu Recht die grundsätzlichere Frage, weshalb der Gesetzgeber überhaupt in den freien Wettbewerb eingreift. Sehr viele Ökonomen propagieren die Vorzüge des freien Marktes sowie des Wettbewerbs und stellen diesen über alles. Adam Smith beschrieb bereits 1776 mit seiner Theorie der „unsichtbaren Hand", dass wenn jeder Marktteilnehmer sein Kapital zur Unterstützung der einheimischen Industrie einsetzt, er nicht nur seinen eigenen Wohlstand, sondern zwangsläufig auch den der gesamten Volkswirtschaft erhöht, obwohl er nur nach eigenem Gewinn strebt[69]. Folglich ist der Wettbewerb für Smith das ideale Instrument, alle Menschen besser zu stel-

[66] Stellvertretend für viele: *Streinz, Rudolf (Hrsg.):* „EUV/EGV - Vertrag über die Europäische Union und Vertrag zur Gründung der Europäischen Gemeinschaft", S. 908ff.; *Jungheim, Stefanie*: „Die Wettbewerbsregeln des EG-Vertrags", S. 5ff.

[67] Stellvertretend für viele: *Streinz, Rudolf (Hrsg.):* „EUV/EGV - Vertrag über die Europäische Union und Vertrag zur Gründung der Europäischen Gemeinschaft", S. 1012ff.; *Mäger, Thorsten (Hrsg.)*: „Europäisches Kartellrecht", 5. Kapitel, Rn. 6ff.; *Jungheim, Stefanie*: „Die Wettbewerbsregeln des EG-Vertrags", S. 31ff.

[68] Vgl. *Streinz, Rudolf (Hrsg.):* „EUV/EGV - Vertrag über die Europäische Union und Vertrag zur Gründung der Europäischen Gemeinschaft", S. 1048ff. und S. 1117ff.; *Lenz, Carl Otto und Borchardt, Klaus-Dieter (Hrsg.)*: „Kommentar zu dem Vertrag über die Europäische Union und zu dem Vertrag zur Gründung der Europäischen Gemeinschaft", S. 1140ff.

[69] *Smith, Adam*: „An Inquiry Into the Nature and Causes of the Wealth of Nations", 4. Buch, 2. Kapitel, S. 343.

len. Andererseits ist der Wettbewerb für Unternehmen mit Risiken behaftet, derer sie sich mittels Kooperationen und Absprachen zumindest teilweise entziehen können. Um dem vorzubeugen, greift der Staat lenkend ein[70]. Bereits der erste Kontakt mit der „Theorie des Marktes" in der Volkswirtschaftslehre zeigt, dass Monopole und monopolartiges Verhalten grundsätzlich schlecht für den Verbraucher sind. Der Markt liefert, wenn er funktionsfähig ist, ein besseres Ergebnis. Definitionsgemäß ist der Markt „der Ort, an dem Angebot und Nachfrage zusammentreffen und der Ort der Preisbildung"[71]. Der Monopolist hat nach allgemeiner volkswirtschaftlicher Erkenntnis die Möglichkeit, die Konsumentenrente ganz oder teilweise abzuschöpfen, indem er eine geringere Menge eines Gutes zu einem höheren Preis auf den Markt bringt[72], als es unter polypolistischen Marktbedingungen der Fall wäre. Optimale Allokation der Güter wird nur dem freien Markt, auf dem hinreichend Wettbewerb herrscht, beigemessen. Die Hauptrollen spielen dabei Anzahl der Anbieter und Nachfrager, Art der gehandelten Güter und Dienstleistungen, Transaktionskosten, Informationsverteilung sowie Angebots- und Nachfrageelastizitäten. In einem Markt auf dem Wettbewerb herrscht, ist ein Anbieter gezwungen, seine Güter und Dienstleistungen zu den Grenzkosten anzubieten[73]. Des Weiteren kann er die Preisbildung am Markt nicht beeinflussen. Übersteigen seine Grenzkosten den Marktpreis und ist er nicht bereit oder in der Lage einen Preis unterhalb seiner Grenzkosten zu akzeptieren, so wan-

[70] In Form von Vorgaben und Spielregeln, wie etwa dem GWB, UWG bzw. den entsprechenden Regelungen auf europäischer Ebene.
[71] Vgl. *Reip, Hubert:* „Volkswirtschaftslehre in Problemen", S. 89.; *Lachmann, Werner:* „Volkswirtschaftslehre 1", S. 58.
[72] *Emmerich, Volker:* „Kartellrecht", § 1, Rn. 16ff.; *Varian, Hal R.:* „Microeconomic Analysis", S. 235ff.
[73] *Emmerich, Volker:* „Kartellrecht", § 1, Rn. 17ff.

dern seine Nachfrager zur Konkurrenz ab. Im schlimmsten Fall muss der Anbieter aus dem Markt ausscheiden (extramarginaler Anbieter)[74]. Mangelt es nun aber an entsprechenden Mitbewerbern, so bleibt dem Verbraucher nur die Wahl zwischen dem Verzicht auf das Gut oder dem Kauf zu einem überhöhten Preis. Ein Monopolist bzw. einige Oligopolisten können also einen Preis oberhalb ihrer Grenzkosten ansetzen und den daraus resultierenden Gewinn für sich beanspruchen[75]. Diese Tatsache bringt nun einen enormen Anreiz für Unternehmen mit sich, Wettbewerb weitestgehend auszuschalten. Je größer und bedeutender ein Unternehmen oder ein Zusammenschluss von Unternehmen ist, desto stärker ist der davon ausgehende Einfluss auf den Marktpreis. Unter der Annahme gewinnmaximierender, rational handelnder Unternehmen werden diese konsequenterweise immer versuchen, sich des Wettbewerbsdrucks zu entledigen. Es drohen eine potentielle Unterversorgung mit Gütern und Dienstleistungen sowie zu hohe Preise. Zudem birgt dieses Verhalten noch eine weitere Gefahr. Durch den Wegfall von Wettbewerbern verlieren Unternehmen den Anreiz ihre Kostenstruktur zu straffen, effizienter zu arbeiten und neue Produkte und Technologien auf den Markt zu bringen[76]. Der daraus resultierende Wettbewerbsvorteil[77] ist ja nun nicht mehr zwingend notwendig. Auf lange Sicht spornt der Wettbewerb Unternehmen an, immer bessere Leistungen zu erzielen sowie bessere Produkte und Dienstleistungen zu geringeren Kosten für den Verbraucher bereit zu stellen. Wettbewerb ist die Grundlage der Weiterentwicklung und bedarf

---

[74] *Lachmann, Werner*: „Volkswirtschaftslehre 1", S. 58ff.

[75] *Lachmann, Werner:* „Volkswirtschaftslehre 1", S. 101ff.

[76] *Hungenberg, Harald:* „Strategisches Management in Unternehmen", S. 195ff.

[77] Vgl. *Porter, Michael E.:* „Competitive Advantage", S. 11ff.; *Hungenberg, Harald:* „Grundlagen der Unternehmensführung", S. 139ff.

daher einer staatlichen Aufsicht. Gerade weil Unternehmen einen individuellen Anreiz haben, von der für die Allgemeinheit – und damit letztendlich auch für sie selbst – besseren Strategie in Form einer Teilnahme am Wettbewerb zu defektieren, bedarf es eines Regelwerks, das den Wettbewerb als Institution aufrechterhält und ordnet und somit allen Beteiligten eine faire Chance einräumt, am Wettbewerb teilzunehmen.

Dieses Regelwerk gilt aber nicht für alle Beteiligten ausnahmslos und gleich, sondern unterscheidet nach der Stellung am Markt. Durch die zunehmende Integration der Mitgliedstaaten in die Europäische Union, insbesondere der Schaffung eines Gemeinsamen Marktes[78] wurde auch die Notwendigkeit einer staatenübergreifenden Regelung des Wettbewerbsrechts[79] deutlich. In der Bundesrepublik Deutschland wird diesem Gedanken nun seit bereits vier Jahren Rechnung getragen[80].

---

[78] *Streinz, Rudolf:* „Europarecht“, Rn. 7ff und 971ff.

[79] Vgl. *Streinz, Rudolf*: „Europarecht“, Rn. 971ff., *Haberstumpf, Helmut*: „Wettbewerbs- und Kartellrecht, gewerblicher Rechtsschutz“, S. 3ff.

[80] Eben durch die 7. Novelle des GWB im Jahre 2005.

IV. KMU in Wettbewerbsrecht und Kooperation

6. Wettbewerbsrechtliche Sonderregelungen für KMU

Unternehmen kleiner und mittlerer Größenordnung nehmen sowohl auf europäischer als auch auf deutscher Ebene eine besondere Stellung im Wettbewerbsrecht ein. Während Absprachen und Kooperationen von Großunternehmen, insbesondere zwischen Wettbewerbern, per se als wettbewerbsschädlich und somit kartellrechtlich unzulässig eingestuft werden, gesteht man KMU einen deutlich größeren Spielraum zu[81]. Die explizite Nennung von Mittelstandskartellen in § 3 GWB und deren Freistellung vom Kartellverbot des § 1 GWB unter bestimmten Voraussetzungen veranschaulicht die Bedeutung dieser Art von Kooperation. Nicht ohne Grund lässt der deutsche Gesetzgeber, weitergehend als die Europäische Union, die Zusammenarbeit von kleinen Unternehmen zu, weil darin eine Verbesserung der Wettbewerbssituation gegenüber großen Anbietern gegeben ist. Eine derartige Sonderbehandlung begründet sich in der Struktur der deutschen Unternehmenslandschaft. In kaum einem anderen Land ist dieser Unternehmenstyp so tief verwurzelt wie in Deutschland bzw. im deutschsprachigen Raum[82].

Neben Größe und Verhältnis der kooperierenden Unternehmen zueinander ist weiterhin entscheidend, in welcher Art und Weise zusammengearbeitet werden soll. Für eine wettbewerbsrechtliche Beurteilung macht es einen großen Unterschied, ob Unternehmen bei-

---

[81] Vgl. dazu die Broschüre „Kooperation und Wettbewerb" des Bayerischen Staatsministeriums für Wirtschaft, Infrastruktur, Verkehr und Technologie, 2006.

[82] *Simon, Hermann:* „Hidden Champions des 21. Jahrhunderts - Die Erfolgsstrategien unbekannter Weltmarktführer", S. 39f.

spielsweise direkt im Wettbewerb miteinander stehen und eine Kooperation anstreben, um den Wettbewerbsdruck zu verringern, oder ob sie auf unterschiedlichen Märkten agieren und lediglich Ressourcen gemeinsam nutzen wollen. Außerdem muss geklärt werden, ob der Anwendungsvorrang des europäischen Rechts zur Geltung kommt oder nicht.

6.1 Vereinbarung, Beschluss und abgestimmte Verhaltensweise

Aus wettbewerbsrechtlicher Sicht ist der Begriff der Kooperation differenziert zu betrachten. Um sämtliche Alternativen abzudecken, geht der Wortlaut des EGV, wie auch des GWB, relativ weit und erfasst sowohl konkrete Vereinbarungen als auch Beschlüsse oder abgestimmte Verhaltensweisen. Da es sich in Art. 81 I EGV um Begriffe des Gemeinschaftsrechts handelt, sind sie gemeinschaftsautonom auszulegen[83]. Die Aufzählung erfasst jede Art der Koordinierung, welche die Zusammenarbeit von Unternehmen an die Stelle des mit Risiken behafteten Wettbewerbs stellt[84].

Vereinbarungen stellen die stärkste und offensichtlichste Stufe der Zusammenarbeit dar. Ob es sich dabei um rechtlich bindende Verträge mit übereinstimmenden Willenserklärungen handelt, oder lediglich um „Gentlemen's Agreements“, die nur wirtschaftliche oder moralische Bindung besitzen, spielt für den Gerichtshof keine Rolle[85]. Für diesen ist nur relevant, ob die beteiligten Unternehmen ihren gemeinsamen Willen zum Ausdruck gebracht haben, sich auf dem Markt in gewisser Weise zu verhalten oder nicht[86].

---

[83] *Jungheim, Stefanie:*, „Die Wettbewerbsregeln des EG-Vertrags“, S. 8.
[84] *Streinz, Rudolf:*, „Europarecht“, Rn. 986.
[85] *Jungheim, Stefanie:*, „Die Wettbewerbsregeln des EG-Vertrags“, S. 8.
[86] EuGH vom 10.03.1992, Rs. T-9/89, Hüls/Kommission.

Beschlüsse von Unternehmensvereinigungen sind „alle Maßnahmen, die die Unternehmensvereinigung oder ihre Mitarbeiter treffen“, entweder auf Grundlage einer Satzung oder in Überschreitung ihrer Kompetenzen[87]. Abgrenzungskriterium zu den Vereinbarungen ist die Erfordernis von Einstimmigkeit. Während Vereinbarungen immer den Willen aller Beteiligten zum Ausdruck bringen, kann ein Beschluss auch aufgrund von Mehrheitsentscheidungen erfolgen. In der Folge kann ein Beschluss auch Mitglieder binden, die ausdrücklich nicht zugestimmt haben[88].

Aufeinander abgestimmte Verhaltensweisen stellen den Auffangtatbestand des Art. 81 EGV dar. Insbesondere eine Koordination von Unternehmen, die noch keinen (bindenden) Abschluss erlangt hat, wohl aber die bewusste Absicht beinhaltet, eine praktische Zusammenarbeit anstelle des mit Risiken verbundenen Wettbewerbs zu setzen, fällt unter diesen Tatbestand[89]. Ein typisches Beispiel für aufeinander abgestimmte Verhaltensweisen ist der Austausch von Preislisten. Es ist offensichtlich, dass die Wettbewerbsmechanismen, welche ja ausdrücklich erwünscht sind, ihre Wirkung nur entfalten können, wenn jedes Unternehmen für sich am Wettbewerb teilnimmt. Eine Absprache oder vertragliche Bindung zur Ausschaltung des Wettbewerbs konterkariert ja gerade die gewünschten Ziele.

Nicht verboten hingegen ist sog. Parallelverhalten, welches von den abgestimmten Verhaltensweisen zu trennen ist. Oft ist diese Trennung der beiden Sachverhalte für die Wettbewerbsbehörden prob-

---

[87] *Enchelmaier, Stefan:*, „Europäisches Wirtschaftsrecht“, Rn. 213; Kommission, Entscheidung vom 31.11.1994, 94/815/EG „Zement“.

[88] *Jungheim, Stefanie:*, „Die Wettbewerbsregeln des EG-Vertrags“, S. 9.

[89] *Enchelmaier, Stefan:*, „Europäisches Wirtschaftsrecht“, Rn. 213; Rs. 48/69 ICI/Kommission, Slg. 1972, 619, Rn. 64/67.

lematisch. Während eine zeitgleiche Erhöhung von Preisen beispielsweise in gestiegenen Rohstoffpreisen begründet sein kann, ist dies zwar ein Indiz für erlaubtes Parallelverhalten, jedoch keine Garantie. Für die Kommission ist die Aufdeckung abgestimmter Verhaltensweisen und Vereinbarungen oft nur mit Hilfe eines Mitglieds des Kartells möglich. Aus diesem Grund gibt es eine Kronzeugenregelung, die Anreize zur Zusammenarbeit mit der Kommission schaffen soll[90]. Da alle genannten Alternativen letztlich in den Anwendungsbereich der einschlägigen Artikel des Wettbewerbsrechts fallen können und die gleiche Rechtsfolge nach sich ziehen, ist für diese Studie eine Unterscheidung im Einzelfall sekundär. Die Begriffe „Maßnahme" oder „Kooperation" im Bereich der Unternehmenszusammenarbeit implizieren, dass es sich um einen wettbewerbsrechtlich fragwürdigen Sachverhalt handeln könnte, der ohnehin im Einzelnen geprüft werden muss.

6.2 Zwischenstaatlichkeitsklausel

Um überhaupt die Wettbewerbsregeln der Europäischen Union anwenden zu können, muss eine möglicherweise wettbewerbsbeschränkende Maßnahme geeignet sein, den „Handel zwischen den Mitgliedstaaten zu beeinträchtigen[91]". Ist dies der Fall, so sind die Wettbewerbsbehörden der Mitgliedstaaten dazu verpflichtet, auch die Wettbewerbsregeln des EGV anzuwenden. Ob parallel dazu nationales Wettbewerbsrecht angewendet wird, bleibt hingegen freigestellt. Rechtsnormen sind dazu Art. 3 I VO Nr. 1/2003 sowie § 22

[90] *Jungheim, Stefanie:*, „Die Wettbewerbsregeln des EG-Vertrags", S. 9; Mitteilung der Kommission über den Erlass und die Ermäßigung von Geldbußen in Kartellsachen, ABl. EG Nr. C 298 vom 08.12.2006, S. 17.
[91] Vgl. Art. 81 und 82 S.1 EGV

GWB[92]. Wann eine Maßnahme geeignet ist, den zwischenstaatlichen Handel zu beeinflussen, wurde bisher von den Organen der Gemeinschaft relativ weit ausgelegt[93]. Ergänzendes Kriterium ist eine gewisse Spürbarkeit der betreffenden Maßnahme, die am Marktanteil festgemacht wird. Zur Spürbarkeit im Einzelnen mehr unter 6.3. Die Kommission gibt in ihren „Leitlinien über den Begriff der Beeinträchtigung des zwischenstaatlichen Handels in den Artikeln 81 und 82 des Vertrags[94]" unter Verweis auf die Durchführungs-VO Nr. 1/2003 eine Hilfestellung zur Einstufung. Dem Grunde nach kann festgehalten werden, dass der zwischenstaatliche Handel beeinträchtigt wird, wenn es potentiell möglich ist, dass ein fraglicher Sachverhalt in einem Land auch Beteiligte aus einem anderen Mitgliedstaat mittelbar oder unmittelbar betrifft. Als Beispiel nennt besagte Verordnung etwa die Rechtssache Compagnie maritime belge[95], in der festgestellt wurde, dass Vereinbarungen zwischen Reedereien gegen das Wettbewerbsrecht der Gemeinschaft verstoßen, wenn „sie die Einzugsbereiche der von der Vereinbarung erfassten Häfen der Gemeinschaft veränderten und die Tätigkeiten anderer Unternehmen innerhalb dieser Bereiche beeinträchtigten". Das verdeutlicht auch, weshalb die frühere Faustformel, nach der die Zwischenstaatlichkeit zu bejahen war, wenn durch eine Vereinbarung das gesamte Territorium eines Mitgliedstaats betroffen war, keine Gültigkeit mehr hat[96].

Da aber das deutsche Wettbewerbsrecht dem der Gemeinschaft sehr stark angeglichen wurde, spielt die Frage der Zwischenstaat-

---

[92] ABl. Nr. C 101 vom 27.04.2004, S. 81.
[93] Vgl. *Emmerich, Volker:* „Kartellrecht", §3, Rn. 18ff.
[94] ABl. Nr. C 101 vom 27.04.2004 S. 81ff.
[95] ABl. EG Nr. C 101 vom 27.04.2004, S. 94.
[96] *Mäger, Thorsten (Hrsg.)*: „Europäisches Kartellrecht", 1. Kapitel, Rn. 67.

lichkeit zumindest in der Rechtsfolge für Unternehmen eine geringe Rolle. Für den besonderen Fall der KMU vertritt die Kommission grundsätzlich die Auffassung, dass Kooperationen kleiner und mittlerer Unternehmen nicht dazu geeignet sind, den zwischenstaatlichen Handel zu beeinträchtigen, sofern durch die Zusammenarbeit eine kumulierte Marktanteilsschwelle von 5 % nicht überschritten wird[97].

6.3 Spürbarkeit / Bagatellbekanntmachung (de minimis)

In ihrer Bekanntmachung „über Vereinbarungen von geringer Bedeutung, die den Wettbewerb gemäß Artikel 81 Absatz 1 des Vertrags zu Gründung der Europäischen Gemeinschaft nicht spürbar beschränken (de minimis)[98]" weist die Kommission ausdrücklich auf Ausnahmen vom Kartellverbot unter bestimmten Voraussetzungen hin. Insbesondere für KMU ist diese Bekanntmachung von Bedeutung, da die Kommission im Regelfall davon ausgeht, dass Vereinbarungen zwischen kleinen und mittleren Unternehmen nicht geeignet sind, den Handel zwischen den Mitgliedstaaten spürbar zu beeinträchtigen[99]. Bei der Bestimmung von KMU verweist sie auf ihre Empfehlung 96/280/EG, welche seither entsprechend angepasst wurde. Aktuelle Zahlen wurden bereits in 2.1 erläutert. Die Bekanntmachung quantifiziert anhand von Marktanteilsschwellen, wann eine spürbare Wettbewerbsbeschränkung nicht vorliegt, also eine Negativdefinition. Es wird explizit herausgestellt, dass Vereinbarungen von Unternehmen, die eine Überschreitung der genannten Grenzen

---

[97] Vgl. *Emmerich, Volker:* „Kartellrecht", §3, Rn. 23.

[98] ABl. EG Nr. C 368 vom 22.12.2001, S. 13 - 15.

[99] Vgl. auch *Jungheim, Stefanie:* „Die Wettbewerbsregeln des EG-Vertrags", S. 17ff.; *Mäger, Thorsten (Hrsg.)*: „Europäisches Kartellrecht", 3. Kapitel, Rn. 74ff.

zur Folge haben, dem Verbot des Art. 81 EGV unterliegen können, aber nicht automatisch müssen. Je nach Beziehung der kooperierenden Unternehmen zueinander[100] gelten unterschiedliche Schwellen, bis zu deren Überschreitung eine spürbare Beeinträchtigung des innergemeinschaftlichen Handels nicht vermutet wird. Stehen die Unternehmen auf einem relevanten Markt in direktem Wettbewerb oder kann dies zumindest nicht endgültig ausgeschlossen werden, so liegt diese Schwelle bei 10 % Marktanteil, sind sie nachweislich keine direkten Wettbewerber gelten 15 %[101]. Auf die für die Berechnung der Marktanteile notwendige Abgrenzung des relevanten Marktes soll ebenso wenig näher eingegangen werden, wie auf kumulative Marktabschottungseffekte[102]. Es bleibt festzuhalten, dass Kooperationen zwischen KMU im Normalfall keinen Konflikt mit Art. 81 EGV darstellen, solange sie nicht gegen die grundsätzlich verbotenen Kernbeschränkungen verstoßen[103]. Im Einzelnen fallen darunter Preis-, Mengen- oder Gebietskartelle bei horizontalen Vereinbarungen. Vertikaler Art zählt man die Festsetzung von Mindestpreisen, absoluten Gebietsschutz oder die Preisbindung zweiter Hand[104] dazu.

---

[100] Vgl. 8.1.

[101] „Bekanntmachung der Kommission über Vereinbarungen von geringer Bedeutung, die den Wettbewerb gemäß Artikel 81 Absatz 1 des Vertrags zu Gründung der Europäischen Gemeinschaft nicht spürbar beschränken (de minimis)", II.7.ff.

[102] Hier sei auf entsprechende vertiefende Literatur zu dieser Thematik verwiesen, stellvertretend *Emmerich, Volker:* „Kartellrecht", § 4, Rn. 63ff.; *Mäger, Thorsten (Hrsg.)*: „Europäisches Kartellrecht", 1. Kapitel, Rn. 126ff.; *Enchelmaier, Stefan*, „Europäisches Wirtschaftsrecht", Rn. 219.

[103] *Jungheim, Stefanie:* „Die Wettbewerbsregeln des EG-Vertrags", S. 19.

[104] Dazu ausdrücklich die „Leitlinien zur Anwendung von Artikel 81 EG-Vertrag auf Technologietransfer-Vereinbarungen", ABl. 2004 Nr. C 101/02; zudem *Kommission*, Entscheidung vom 05.12.2001 (Sache COMP/E-1/36.604 - Zitronensäure), ABl. 2002 Nr. L 239/18.

6.4 Kartellfreie Kooperation

Die kartellfreie Kooperation ist ein probates Mittel für KMU, ihre Wettbewerbsposition zu stärken, ohne mit dem geltenden Recht in Konflikt zu kommen. Grundsätzlich versteht man darunter jegliche Zusammenarbeit von Unternehmen, die nicht geeignet ist, den Wettbewerb zu beeinträchtigen[105]. Die Zusammenarbeit fällt von vornherein nicht unter das Kartellverbot, so dass noch nicht einmal das Kriterium der Spürbarkeit zu untersuchen ist[106]. Bestes Beispiel hierfür ist die Zusammenarbeit von Unternehmen, die überhaupt nicht, also auf keinem Markt, miteinander im Wettbewerb stehen. Aber auch wenn Wettbewerber kooperieren, ohne dabei erhebliche Marktmacht anzuhäufen oder einen Markt gegenüber anderen Teilnehmern abschotten, kann das in den Bereich der kartellfreien Kooperation fallen[107]. Von praktischer Bedeutung für KMU ist die Zusammenarbeit in Form von Arbeits- und Bietergemeinschaften, häufig in der Baubranche anzutreffen. Nicht selten ist ein einzelnes, kleineres Unternehmen nicht in der Lage, einen ausgeschriebenen Großauftrag ordnungsgemäß auszuführen, weil der Ausschreiber das Projekt komplett aus einer Hand durchgeführt bekommen möchte[108]. Um diesen Nachteil auszugleichen, müssten die verschiedenen Teilprozesse separat ausgeschrieben und koordiniert

---

[105] *Rißmann, Karin:* „Kartellverbot und Kooperation zwischen kleinen und mittleren Unternehmen nach der 7. GWB – Novelle“, S. 3.

[106] Sofern eine „spürbare“ Beeinträchtigung des Wettbewerbs abzulehnen ist, fällt das natürlich auch in den Bereich der kartellfreien Kooperation. Die hier behandelte kartellfreie Kooperation ist aber noch unbedenklicher, so dass das Spürbarkeitskriterium nicht einmal zu Rate zu ziehen ist.

[107] Vgl. *Rißmann, Karin:* „Kartellverbot und Kooperation zwischen kleinen und mittleren Unternehmen nach der 7. GWB – Novelle“, S. 3.; *Bayerisches Staatsministerium für Wirtschaft, Infrastruktur, Verkehr und Technologie (Hrsg.):* „Kooperation und Wettbewerb“, Ein Ratgeber für kleine und mittlere Firmen, S. 41ff.

[108] Angelehnt an die Ausschreibung des Neubaus einer Kindertagesstätte in Salem, öffentliche Ausschreibung unter http://www.salem-baden.de/downloads/kigakleinerbruehl.pdf zuletzt abgerufen am 02.06.2009.

werden, was dem Bauherrn zusätzlichen Aufwand und damit Kosten verursacht. Andernfalls könnte ein Bauunternehmen zwar möglicherweise den Rohbau und notwendige Trockenbauarbeiten für eine öffentliche Kindertagesstätte verrichten, wäre aber mit den Zimmermanns- und Elektroarbeiten sowie der Innenausstattung völlig überfordert. Die Folge wäre regelmäßig, dass das Unternehmen sich erst gar nicht an der Ausschreibung beteiligt. Falls sich aber mehrere kleinere Unternehmen zusammenschließen und als gemeinsamer Bieter auftreten, so wird der Wettbewerb unter allen Bietern dennoch erhöht, auch wenn zunächst ein eigentlich antiwettbewerbliches Verhalten vorausgeht. Um genau diesen Effekt zu erzielen wird die kartellfreie Kooperation nicht nur gestattet sondern sogar ausdrücklich erwünscht, sofern die beteiligten Unternehmen in unterschiedlichen Arbeitsgebieten tätig sind.

Ein weiterer erwähnenswerter Bereich der kartellfreien Kooperation ist die Gewinnung von Marktinformation. Für die unternehmerische Entscheidungsfindung ist es äußerst wichtig, ein möglichst genaues Bild von der gegenwärtigen Marktsituation zu bekommen. Aus Kostengründen ist es für KMU nahezu unmöglich, mittels einer extern vergebenen Marktforschungsstudie an die relevanten Informationen zu gelangen. Lösungsansatz kann aber durchaus die Errichtung einer zentralen Meldestelle sein, an die die kooperierenden Unternehmen ihrerseits selbst Daten melden und im Gegenzug die aufbereiteten Informationen anderer Unternehmen erhalten. Seine Grenzen findet dieses Verfahren dort, wo es den Geheimwettbewerb[109], etwa durch identifizierende Preismeldesysteme, verletzt. Anwendungsbeispiel aus der Praxis ist der Austausch von Marktda-

---

[109] BGH, Beschluss vom 18.11.1996; KVR 1/86; WuW/E BGH 2313 „Baumarkt-Statistik".

ten im Hotel- und Gaststättengewerbe durch den Hotel- und Gaststättenverband[110]. In Kombination mit Daten des Statistischen Bundesamtes werden sämtliche Informationen von den Mitgliedern zu Umsatzentwicklung in den einzelnen Sparten[111] sowie der Zahl der Beschäftigten aufbereitet und veröffentlicht. Dieses System ist legal, solange die den beteiligten Unternehmen in aufbereiteter Form zur Verfügung gestellten Daten keine Rückschlüsse auf einzelne Unternehmen zulassen und kein paralleles Marktverhalten fördern. Der Geheimwettbewerb muss also nach wie vor gewährleistet sein[112].

6.5 Gruppenfreistellungsverordnungen (GVO)

Vor der Erörterung dieses Bereiches sei auf eine wichtige Umstellung im Wettbewerbsrecht aufmerksam gemacht. Das alte Anmeldesystem, wonach Unternehmen ihre Kooperationsvereinbarungen bei den Kartellbehörden anmelden mussten, wurde mit der Kartellverfahrensverordnung VO Nr. 1/2003[113] zu Gunsten des Prinzips der Legalausnahme abgeschafft. Nach geltendem Recht müssen Unternehmen nun selbst einschätzen, ob ihre Zusammenarbeit gegen die rechtlichen Bestimmungen verstößt oder nicht. So auch die Einschätzung, ob das fragliche Verhalten durch eine Gruppenfreistellungsverordnung gedeckt ist. Die praktische Bedeutung ist sehr weitreichend, eine kurze Erläuterung sowie eine kritische Stellungnahme dazu später unter 6.8.

---

[110] Informationen basierend auf http://www.dehoga-bundesverband.de.

[111] Vierteljährliche Meldung durch die angeschlossenen Betriebe, aufgeteilt nach Beherbergung, Speisen, Getränke und Catering.

[112] *Bundeskartellamt*, „Tätigkeitsbericht 1996/1997“, Deutscher Bundestag, Drucksache 13/7900, S. 126ff.

[113] ABl. EG Nr. L 1/1 vom 04.01.2003.

Bereits 1965 hat der Rat eine Verordnung erlassen, die unter bestimmten Voraussetzungen Freistellungen aufeinander abgestimmter Verhaltensweisen vom Kartellverbot[114] für ganze Gruppen enthielt[115]. Diese Verordnung bildet die Basis für das heute gängige Verfahren, mit dem die Kommission bestimmte Gruppen von Vereinbarungen vom Verbot des Art. 81 EGV ausnehmen kann[116]. In der Praxis von größter Bedeutung[117] sind für horizontale Vereinbarungen die sog. Spezialisierungs-GVO[118] und die Forschungs- und Entwicklungs-GVO[119], für vertikale und horizontale Vereinbarungen die Technologietransfer-GVO[120], für vertikale Vereinbarungen die GVO für aufeinander abgestimmte Verhaltensweisen[121] und für einzelne Sektoren die KfZ-GVO[122]. Insbesondere die Technologietransfer-GVO erlaubt es KMU, ihre Forschungsergebnisse sowohl mit Wettbewerbern als auch mit Zulieferern bzw. Abnehmern zu kombinieren. In ihrer Begründung schreibt die Kommission, dass eine Zusammenarbeit in Form eines Technologietransfers die wirt-

---

[114] Damals noch in Art. 85 EGV geregelt, heute Art. 81 I EGV.

[115] VO Nr. 19/65/EWG des Rates, ABl. P 36 vom 06.03.1965, S. 533.

[116] Nach Art. 29 I VO Nr. 1/2003 kann die Kommission diesen Vorteil auch wieder entziehen, wenn sich im Nachhinein herausstellt, dass die freigestellten Verhaltensweisen doch nicht mit Art. 81 III EGV vereinbar sind.

[117] Vgl. *Jungheim, Stefanie*: „Die Wettbewerbsregeln des EG-Vertrags", S. 29f.

[118] VO (EG) Nr. 1658/2000 über die Anwendung von Artikel 81 Absatz 3 des Vertrages auf Gruppen von Spezialisierungsvereinbarungen, ABl. EG Nr. L 304/3 vom 05.12.2000.

[119] VO (EG) Nr. 2659/2000 über die Anwendung von Artikel 81 Absatz 3 des Vertrages auf Gruppen von Vereinbarungen über Forschung und Entwicklung, ABl. EG Nr. L 304 vom 05.12.2000.

[120] VO (EG) Nr. 772/2004 über die Anwendung von Artikel 81 Absatz 3 des Vertrages auf Gruppen von Technologietransfer-Vereinbarungen, ABl. EU Nr. L 123/11 vom 27.04.2004.

[121] VO (EG) Nr. 2790/1999 über die Anwendung von Artikel 81 Absatz 3 des Vertrages auf Gruppen von vertikalen Vereinbarungen und aufeinander abgestimmte Verhaltensweisen, ABl. EG Nr. L 336 vom 29.12.1999, S. 21.

[122] VO (EG) Nr. 1400/2002 über die Anwendung von Artikel 81 Absatz 3 des Vertrages auf Gruppen von vertikalen Vereinbarungen und aufeinander abgestimmten Verhaltensweisen im Kraftfahrzeugsektor, ABl. EG Nr. L 203/30 vom 01.08.2002.

schaftliche Leistungsfähigkeit steigert und sich positiv auf den Wettbewerb auswirkt, weil der Entwicklungsaufwand reduziert und Anreize zur Aufnahme von Forschungs- und Entwicklungsarbeit gestärkt werden[123]. Durch die Festlegung von Marktanteilsgrenzen[124] bis zu welchen die GVO greift, wird verdeutlicht, dass insbesondere KMU, die über keine allzu große Marktmacht verfügen, in den Anwendungsbereich der GVO fallen und somit davon profitieren. Mittlerweile gibt es eine schier unglaubliche Fülle an Gruppenfreistellungsverordnungen, welche KMU ein breites Spektrum an legalen Kooperationsmöglichkeiten schaffen und somit bedeutend zum Mittelstandsschutz beitragen.

6.6 Mittelstandskartelle

Diese Besonderheit ist im deutschen Wettbewerbsrecht explizit festgehalten und steht nicht im Widerspruch mit europäischem Recht. Zweck dieser Form des legalen Kartells ist es, kleine und mittlere Unternehmen zu fördern und ihre Situation zu verbessern, ohne dabei den Wettbewerb wesentlich zu beeinträchtigen. In § 3 I GWB heißt es, dass Vereinbarungen und Beschlüsse von miteinander im Wettbewerb stehenden Unternehmen die Voraussetzungen des § 2 I GWB erfüllen, also vom Kartellverbot des § 1 GWB freigestellt sind, wenn sie „die Rationalisierung wirtschaftlicher Vorgänge durch zwischenbetriebliche Zusammenarbeit zum Gegenstand haben“ und dabei erstens der Wettbewerb auf dem Markt nicht wesentlich beeinträchtigt wird und zweitens „die Wettbewerbsfähigkeit kleiner oder mittlerer Unternehmen“ verbessert wird. Da das europäische Recht grundsätzlich vorgeht kommt diese Regelung freilich

[123] ABl. EU Nr. L 123/12 vom 27.04.2004.
[124] ebd.

nur zum Tragen, sofern kein zwischenstaatlicher Bezug gegeben ist. Gerade aber bei kleineren unter den KMU, vor allem in lokalen oder regionalen Märkten, ist die Zwischenstaatlichkeit bei der Mehrzahl der Fälle aufgrund der großzügigen Auslegung der Kommission ohnehin nicht gegeben[125]. Um die strukturellen Nachteile von KMU im Wettbewerb mit Großunternehmen auszugleichen[126], wird diese Regelung vom deutschen Gesetzgeber nach wie vor angeboten und wurde auch bei der 7. GWB - Novelle berücksichtigt. Welcher Beliebtheit sich die Mittelstandskartelle erfreuen, hat sich bereits in den frühen 1990ern gezeigt. So ist dem Tätigkeitsbericht des Bundeskartellamts von 1993/94 zu entnehmen[127], dass die Anzahl der Mittelstandskartelle bei 170 liegt. Verglichen mit der Vorperiode war ein Anstieg von 11,8 % zu verzeichnen. Ein Vergleich mit Daten des Bundeskartellamtes der Gegenwart ist aufgrund des bereits erwähnten Wechsels zum Prinzip der Legalausnahme nicht mehr möglich[128]. Eine Erwähnung im Bericht erfolgt nur bei der Eröffnung eines Verfahrens, also bei möglicher unrechtmäßiger Ausübung eines Mittelstandskartells. In den Jahren 2005 und 2006 wurden dazu vom Bundeskartellamt je vier Verfahren eröffnet[129]. Eines davon, betreffend das „Hintermauerziegelkartell", soll später noch näher betrachtet werden.

[125] Vgl. 6.2.

[126] Die ausführliche Begründung der Bundesregierung dazu in BT - Drucksache 13/9720 vom 29.01.98, S. 32ff.

[127] *Bundeskartellamt*, „Tätigkeitsbericht 1993/1994", Deutscher Bundestag, Drucksache 13/1660, S. 29.

[128] *Bundeskartellamt*, „Tätigkeitsbericht 2005/2006", Deutscher Bundestag, Drucksache 16/5710, S. 10.

[129] *Bundeskartellamt*, „Tätigkeitsbericht 2005/2006", Deutscher Bundestag, Drucksache 16/5710, S. 230.

6.6.1 Rationalisierung

Entsprechend dem Wortlaut von § 3 GWB ist ein Mittelstandskartell nicht um seiner selbst Willens erlaubt, sondern es muss zu einer Rationalisierung der betriebswirtschaftlichen Vorgänge aller am Kartell beteiligten Unternehmen führen. Es darf also nicht nur der Wettbewerb nicht beeinträchtigt werden, sondern es muss gleichzeitig eine Verbesserung der Wettbewerbsfähigkeit von KMU zu erkennen sein. Darin zeigt sich der mittelstandsfördernde Zweck des § 3 GWB. Um diese Rationalisierung überprüfbar zu machen, muss in Folge das Verhältnis von betrieblichem Aufwand zu betrieblichem Ertrag bezogen auf eine Produktionseinheit verbessert werden[130]. KMU diese Freistellungsmöglichkeit also als Plattform für Preisabsprachen und die Ausschaltung des Wettbewerbs zu bieten, ist vom Gesetzgeber nicht vorgesehen und wird bei einem Verdacht auch entsprechend geahndet[131]. Sofern aber mit der Gründung eines Mittelstandskartells wirkliche Effizienzvorteile entstehen, haben KMU gute Chancen, sich durch eine Kooperation besser zu stellen. In der Praxis finden sich unzählige Beispiele, für die ein Mittelstandskartell große Vorteile mit sich bringt. Die von der Bundesapothekerkammer akkreditierte Zeitschrift „Apotheke + Marketing" beispielsweise unterrichtet ihre Leser in der Ausgabe vom Mai 2008 über legale und illegale Kooperationen und bereitet eigens kurz die Anforderungen

---

[130] Vgl. *Rißmann, Karin:* „Kartellverbot und Kooperation zwischen kleinen und mittleren Unternehmen nach der 7. GWB – Novelle", S. 7.; *Emmerich, Volker:* „Kartellrecht", §24, Rn. 14f.; OLG Frankfurt/Main WuW/E OLG 2271;4495 (4498)

[131] Vgl. Verfahrenseröffnungen veröffentlicht in den Tätigkeitsberichten des Bundeskartellamtes, stellvertretend hier nach dem Anmeldeverfahren: Vetra Betonfertigteile GmbH und Danzer Betonwerk GmbH & Co. KG, hier wurde zudem ein Verstoß gegen Art. 81 III EGV festgestellt, in *Bundeskartellamt*, „Tätigkeitsbericht 2003/2004", Deutscher Bundestag, Drucksache 15/5790 S.113.; Prinzip der Legalausnahme: *Bundeskartellamt*, „Tätigkeitsbericht 2005/2006", Deutscher Bundestag, Drucksache 16/5710, S. 230.

an ein Mittelstandskartell auf[132]. Als sehr vielversprechend wird dort richtigerweise die Möglichkeit einer Werbegemeinschaft herausgearbeitet. Gemeinsame Werbung ist hervorragend geeignet, Kosteneinsparungen zu erzielen und die vom GWB geforderten Effizienzvorteile, also eine Rationalisierung, zu realisieren. Dass sich diese Art der Zusammenarbeit auf nahezu alle Branchen und Bereiche ausdehnen lässt liegt auf der Hand. Bei der konkreten Durchführung ist es den teilnehmenden KMU sogar unter bestimmten Voraussetzungen gestattet, sich „in Art und Ausmaß zusätzlich in ihrer eigenen Werbung (zu) beschränken“[133], lediglich die gemeinschaftliche Werbung unter Nennung eines einheitlichen Preises ist nicht zulässig. Der Effizienzgewinn liegt dann darin, dass sich alle Unternehmen die Kosten für Erstellung und Distribution der gemeinsamen Werbemittel teilen und nicht bei jedem einzelnen Kooperationspartner zusätzlich Kosten für eigene Werbung anfallen. Allerdings sind weitergehende Beschränkungen innerhalb der Vereinbarung im Zweifel für jeden Einzelfall zu prüfen, eine generelle Aussage kann nicht getroffen werden, ohne ein Verfahren und möglicherweise Bußgeld durch die Kartellbehörden zu riskieren.

6.6.2 Einkaufskooperation

Vor der siebten GWB-Novelle war die Einkaufskooperation noch explizit als solche im Gesetz geregelt. Mittlerweile entfaltet das Mittelstandskartell des § 3 I GWB nur für „miteinander im Wettbewerb

---

[132] *Hassel, Martin* in: *Apotheke + Marketing* (Hrsg.): „Kooperationen“ Ausgabe 5/2008 vom 15.05.2008, S. 36.

[133] *Bayerisches Staatsministerium für Wirtschaft, Infrastruktur, Verkehr und Technologie (Hrsg.):* „Kooperation und Wettbewerb“, Ein Ratgeber für kleine und mittlere Firmen, S. 49.

stehende Unternehmen“ Wirkung, eine zusätzliche Berücksichtigung von Einkaufskooperationen gibt es nicht. Ob nun eine Freistellung als Mittelstandskartell in Frage kommen kann, oder ob es andere Freistellungsmöglichkeiten gibt, wird in der Literatur verschieden beurteilt. Während Emmerich der Empfehlung der Bundesregierung folgt[134] und eine Freistellung als Mittelstandskartell gar nicht eruiert, kommt Rißmann zu dem Schluss, dass einer Freistellung als Mittelstandskartell nichts im Wege steht[135]. Obwohl beide Ansichten ihre Berechtigung haben, ist die von Rißmann genannte explizite Erwähnung von Einkaufskooperationen kleiner und mittlerer Unternehmen in den Horizontal-Leitlinien der Kommission[136] überzeugender. Die Einkaufskooperation von KMU dient im Normalfall der Erlangung ähnlicher Bezugsmengen und damit Rabatten, wie sie Großunternehmen in Anspruch nehmen können. Die Kommission erachtet dies ausdrücklich als wettbewerbsfördernd. Diese mittelständische Einkaufskooperation erfolgt in aller Regel eben durch die Bündelung von Beschaffungskapazitäten und einem gemeinsamen Einkauf von Waren durch Wettbewerber. Aufgrund der durchgängigen Orientierung des deutschen am europäischen Wettbewerbsrecht ist es nur konsequent, zumindest Einkaufskooperationen auf horizontaler Ebene, nach § 3 GWB als Mittelstandskartell freizustellen. Die Voraussetzungen für eine Freistellung nach § 3 GWB, bezogen auf eine Einkaufskooperation, werden ja gerade bei KMU in der Regel erfüllt. Eine wesentliche Beeinträchtigung des Wettbewerbs ist nicht zu erwarten und die geforderte Verbesserung der Wettbewerbssituation, also eine Rationalisierung, ist überhaupt

---

134 *Emmerich, Volker:* „Kartellrecht“, §23, Rn. 6.

135 *Rißmann, Karin:* „Kartellverbot und Kooperation zwischen kleinen und mittleren Unternehmen nach der 7. GWB – Novelle“, S. 6f.

136 Abl. (EG) Nr. C 3/17 vom 6. Januar 2001, Rn. 116.

erst der Grund für eine Einkaufskooperation. Aufgrund der Tatsache, dass es für die beteiligten Unternehmen in der Folge keinerlei Unterschied macht, nach welcher Rechtsnorm ihre Einkaufskooperation freigestellt wird, ist diese Diskussion aber in der Praxis relativ unbedeutend.

Der deutsche Gesetzgeber ist der Meinung[137], dass Einkaufskooperationen künftig maßgeblich im europäischen Recht, also insbesondere in Art. 81 III EGV unter Verweis auf die Leitlinien zur Anwendbarkeit von Art. 81 EGV, geregelt sind[138]. Zudem ist eine Freistellung nach den §§ 1 und 2 GWB denkbar. Mit welcher Begründung auch immer freigestellt existieren Einkaufskooperationen primär dazu, ein entsprechendes, zu Lasten von KMU gehendes, Marktungleichgewicht auszugleichen. Mehrere kleine Unternehmen schließen sich zusammen und bündeln ihre Bestellungen, sie gewinnen also an Marktmacht. Bis zu welchem Punkt das für den Wettbewerb noch von Vorteil ist, wird von der Kommission in der Bündelung der entstehenden Marktmacht gesehen[139]. Durch die Berechnung der kumulierten Marktanteile aller an der Einkaufskooperation beteiligten Unternehmen auf Einkaufs- und Verkaufsmärkten wird diese Marktmacht gemessen. Dabei ist die Schwelle von unter 15 % als grundsätzlich unbedenklich anzusehen. Im Einzelfall kann der Wert auch höher sein, bedarf dann aber einer weiteren Prüfung[140].

---

[137] Deutscher Bundestag, Drucksache 15/3640 vom 12.08.2004, S. 27.

[138] Dazu *Bundeskartellamt:* „Merkblatt des Bundeskartellamtes über Kooperationsmöglichkeiten für kleinere und mittlere Unternehmen", Rn. 38.

[139] Bekanntmachung (EG) der Kommission, „Leitlinien zur Anwendbarkeit von Artikel 81 EG-Vertrag auf Vereinbarungen über horizontale Zusammenarbeit", ABl. EG Nr. C 3 vom 06.01.2001.

[140] Bekanntmachung (EG) der Kommission, „Leitlinien zur Anwendbarkeit von Artikel 81 EG-Vertrag auf Vereinbarungen über horizontale Zusammenarbeit", ABl. EG Nr. C 3 vom 06.01.2001, S. 19, Rn. 130ff.

6.6.3 Wettbewerbsbeeinträchtigung

Eines ist für alle Freistellungskriterien eines Mittelstandskartells Grundvoraussetzung, nämlich dass der Wettbewerb nicht wesentlich beeinträchtigt werden darf. Die Grenzen der legalen Zusammenarbeit kleiner und mittlerer Unternehmen liegen also dort, wo die Gefahr besteht, dass ein freier Wettbewerb nicht mehr möglich ist. Der Gesetzgeber will also ausdrücklich nicht Kooperation um jeden Preis[141], oberstes Gebot ist das Funktionieren des Marktes ohne dominierende Teilnehmer. Ab wann der Markt wesentlich beeinträchtigt wird, gibt das Bundeskartellamt in seinem Merkblatt[142] über Kooperationsmöglichkeiten von KMU grob vor. Basierend auf der bisherigen Handhabung in der Praxis sieht das Bundeskartellamt den freien Wettbewerb als wesentlich beeinträchtigt an, wenn der Marktanteil der Kartellteilnehmer bei 10 bis 15 % liegt. Falls eine Kooperation nur qualitativ weniger wichtige Wettbewerbsparameter enthält, insbesondere keine Absprachen über die Preis- oder Rabattgestaltung, so kann der Marktanteil im Einzelfall auch höher als 15 % liegen[143]. Zudem ist die Berücksichtigung von Marktverhältnissen bei der Beurteilung heranzuziehen, allen voran die Frage, ob auf dem Markt weitere Kartelle vorhanden sind oder ob es unter den Teilnehmern Verflechtungen zu anderen Kooperationsgruppen gibt[144]. Es wird bereits hier deutlich, dass die Selbsteinschätzung durch die Unternehmen höchst problematisch sein kann. Sowohl die unterschiedliche Abgrenzung eines Marktes, die zu verschieden hohen Marktanteilen führt, als auch die Beurteilung der Marktver-

---

141 Vgl. § 3 I Nr. 1 GWB.

142 *Bundeskartellamt:* „Merkblatt des Bundeskartellamtes über Kooperationsmöglichkeiten für kleinere und mittlere Unternehmen", Rn. 34f.

143 ebd. Rn. 35.

144 *Emmerich, Volker:* „Kartellrecht", §23, Rn. 18.

hältnisse durch die kooperationswilligen Unternehmen bergen gewisse Schwierigkeiten. Eine Fehleinschätzung kann dramatische Folgen für ein Unternehmen haben, wenn das Bundeskartellamt bei der Prüfung des Einzelfalls[145] zu einem anderen Schluss kommt und das Mittelstandskartell als illegal einstuft. Die sich daraus ergebende Problematik soll aber, wie bereits erwähnt, in 6.8 noch ausführlicher behandelt werden. Ob sich die Bagatellbekanntmachung der Kommission, die hier aufgrund des fehlenden zwischenstaatlichen Bezugs[146] eigentlich keine Bedeutung hat, auf die Praxis der nationalen Kartellbehörden auswirkt, bleibt abzuwarten. Rißmann sieht durchaus Vorteile eines Abweichens von der Kommissionspraxis im Einzelfall, weil besser auf die Marktverhältnisse vor Ort eingegangen werden kann[147], weist aber zu Recht auch auf die entstehende Problematik des „Auseinanderfallen(s) des materiellen Rechts an der Zwischenstaatlichkeitsschwelle" hin. Eine genauere Untersuchung dazu, vier Jahre nach der 7. Novelle des GWB, wird sicher Aufschluss geben und erste Beurteilungen zulassen, ist aber im Rahmen dieser Studie nicht möglich.

6.7 Weitere Freistellungsmöglichkeiten

Selbstverständlich spielt es, pragmatisch betrachtet, für ein Unternehmen keine Rolle, nach welchen Kriterien oder nach welcher Rechtsnorm ein grundsätzlich wettbewerbswidriges Verhalten ausnahmsweise von den entsprechenden Verboten freigestellt ist. Auch kann es vorkommen, dass mehrere Freistellungsmöglichkeiten zu-

[145] Etwa aufgrund der Klage eines Konkurrenten.
[146] Vgl. 6.2.
[147] *Rißmann, Karin:* „Kartellverbot und Kooperation zwischen kleinen und mittleren Unternehmen nach der 7. GWB – Novelle", S. 4.

gleich für einen Sachverhalt in Betracht kommen. Bis auf wenige Ausnahmen, wie etwa den Verstoß gegen Kernbeschränkungen im europäischen Wettbewerbsrecht oder den Missbrauch einer marktbeherrschenden Stellung, können vielfältigste Gründe ausschlaggebend sein, eine Kooperation freizustellen. Die wichtigsten wurden erläutert, weitere Möglichkeiten sind umstritten. So beispielsweise die ursprünglich aus dem US-amerikanischen Wettbewerbsrecht stammende „Rule of Reason[148]“, welche die positiven Effekte einer vertikalen Zusammenarbeit als grundsätzlich wettbewerbsfördernd betrachtet. Für KMU bleibt festzuhalten, dass per se sehr viele unterschiedliche Möglichkeiten existieren, von den Verboten der einschlägigen Artikel und Paragraphen freigestellt zu werden. Im Endeffekt muss immer eine Einzelfallprüfung vorgenommen werden, um Klarheit zu erhalten.

6.8 Stellungnahme zum System der Legalausnahme

Da das Anmeldeverfahren nun schon seit fast fünf Jahren durch das Prinzip der Legalausnahme abgelöst ist, stellt sich zu Recht die Frage ob sich der Übergang gelohnt hat. Mit Inkrafttreten der VO Nr. 1/2003[149] brauchen Unternehmen abgestimmte Verhaltensweisen, welche die Voraussetzungen des Art. 81 III EGV erfüllen, nicht mehr von der Kommission genehmigen zu lassen, sondern sie sind unmittelbar erlaubt. Auch in das nationale Kartellrecht ist die Legalausnahme durch die § 2 und 22 GWB eingeflossen. Eine Kontrolle auf Vereinbarkeit mit dem jeweils einschlägigen Wettbewerbsrecht

---

[148] Zur Vertiefung dazu *Emmerich, Volker*: „Kartellrecht“, §4, Rn. 87a; *Mestmäcker, Ernst - Joachim; Schweitzer, Heike*: „Europäisches Wettbewerbsrecht“, § 7, Rn. 56ff.; *Grabitz, Eberhard; Hilf, Meinhard; Nettesheim, Martin (Hrsg.)*: „Das Recht der Europäischen Union“, Art. 81, Rn. 20.

[149] ABl. (EG) Nr. L 1/1 vom 16. Dezember 2002.

erfolgt somit nur noch nachträglich und auch nur dann, wenn fragliche Vereinbarungen den Wettbewerbsbehörden - auf welchem Wege auch immer - bekannt werden. Gerade aus Sicht von KMU ist dieses System durchaus problematisch, da es keinerlei Rechtssicherheit gibt. Eine womöglich versehentliche Fehleinschätzung kann erhebliche Konsequenzen für das betreffende Unternehmen nach sich ziehen. Es werden falsche Anreize gesetzt. Einerseits werden aufgrund der Rechtsunsicherheit, verbunden mit möglichen drastischen Strafen, viele Unternehmen abgeschreckt und verzichten aus Unwissenheit auf Kooperationen, die sie eigentlich problemlos eingehen dürften. Zwar besteht die Möglichkeit, sich von entsprechenden Fachanwälten beraten zu lassen, jedoch ist das regelmäßig mit hohem finanziellen Aufwand verbunden. Des Weiteren gibt diese Beratung nicht zwingend immer eine Garantie, wie tatsächliche Entscheidungen der Kartellbehörden im Einzelfall ausfallen. Während erster Fehlanreiz also vor Kooperationen abschreckend wirken kann, bietet die Legalausnahme andererseits auch Möglichkeiten, Vereinbarungen mit anderen Unternehmen - trotz offensichtlichen Verbotes - in der Hoffnung nicht entdeckt zu werden einzugehen. Dass die Kommission und die nationalen Wettbewerbsbehörden, um sinnvoll ermitteln zu können, auf Hinweise aus dem Unternehmensumfeld angewiesen sind, ist offensichtlich. Da sich zudem der zur Bestrafung notwendige eindeutige Nachweis[150] eines Verstoßes gegen entsprechende Wettbewerbsregeln als äußerst schwierig gestalten kann, ist eine gewisse Gefahr für den

[150] Dabei ist insbesondere auf die Problematik der Abgrenzung von verbotenen Vereinbarungen und bloßem Parallelverhalten abzustellen, vertiefend dazu: *Stockenhuber, Peter* in *Grabitz, Eberhard; Hilf, Meinhard; Nettesheim, Martin (Hrsg.)*: „Das Recht der Europäischen Union - EGV", Art. 81, Rn. 108; *Mestmäcker, Ernst - Joachim; Schweitzer, Heike:* „Europäisches Wettbewerbsrecht", § 9, Rn. 28.

Missbrauch des Systems der Legalausnahme gegeben. Berechtigterweise kann man anbringen, dass auch zu Zeiten der Genehmigungspflicht verbotene Vereinbarungen von den beteiligten Unternehmen in Erwartung der eben genannten Gründe gar nicht erst angemeldet wurden[151], allerdings ist die Hemmschwelle zum Missbrauch im neuen System erheblich niedriger. Schachtschneider steht der gesamten praktischen Ausgestaltung des Kartellverbotes noch kritischer gegenüber und weist sogar darauf hin, dass das Kartellverbot aufgrund langwierigen Rechtsschutzes und nicht zuletzt aufgrund von Korruption innerhalb der Behörden nicht entsprechend durchgesetzt wird[152].

Einzig erkennbarer Vorteil ist zunächst eine Entlastung der Wettbewerbsbehörden, da diese nicht in jedem Fall tätig werden müssen. Dieser Vorzug der Systemumstellung kann aber nur so lange aufrecht erhalten werden, wie eigenständige Kontrollen zur Einhaltung des Kartellverbots durch die Behörden in geringerem Umfang ausfallen, als eine Arbeitsbelastung für die Bearbeitung der Genehmigungsanfragen angefallen ist. Ob damit letztendlich besser, weil jetzt Kapazitäten für derartige Überprüfungen vor allem im ohnehin schon immer illegalen Sektor frei werden, oder schlechter, weil der Anreiz, eine Zusammenarbeit gar nicht erst dem Maßstab der Legalität zu unterwerfen, gegen Verstöße gegen das Wettbewerbsrecht vorgegangen werden kann, ist fraglich. Zwar würde eine empirische Untersuchung dazu sicher genauen Aufschluss geben, ist aber wohl

[151] Da eine Genehmigung ohnehin ausgeschlossen werden konnte.
[152] *Schachtschneider, Karl Albrecht:* „Vertragsrecht der Europäischen Union - Teil 2: Wirtschaftsverfassung“, S. 282f.

aufgrund der fehlenden Informationen[153] nicht möglich. Das System der Legalausnahme vereinfacht sowohl für Unternehmen als auch Behörden die praktische Gestaltung einer Freistellung in klaren Fällen. Sobald aber Unsicherheiten in Einzelfällen auftreten, ist die neue Regelung unzulänglich und lässt zu viele Fragen und Problemstellungen unbeantwortet. Ein Lösungsansatz wäre etwa die Beibehaltung des Systems der Legalausnahme, ergänzt um die Möglichkeit für Unternehmen, bei begründeten Zweifeln über die Rechtmäßigkeit ihres Zusammenschlusses eine verbindliche Klärung im Sinne der früheren Genehmigung durch die zuständigen Behörden zu erhalten. Eine solche Regelung war übergangsweise in § 3 II GWB vorgesehen, ist aber am 30. Juni 2009 außer Kraft getreten. Für Unternehmen würde eine Wiederaufnahme des Anspruchs auf Entscheidung, eventuell in modifizierter Form[154], Klarheit und vor allem Rechtssicherheit schaffen. Der Kampf gegen bewusste wissentliche und willentliche Verstöße gegen das Wettbewerbsrecht muss ohnehin durch Kontrollen und andere Maßnahmen geführt werden.

[153] Welches Unternehmen würde schon im Rahmen einer wissenschaftlichen Studie zugeben, dass es aufgrund mangelhafter Kontrollen bzw. aus Spekulation auf Straffreiheit an einem illegalen Kartell teilnimmt.

[154] Modifikation dahingehend, dass die Unternehmen schlüssig darlegen müssen, warum sie sich nicht sicher über die rechtliche Einordnung ihres Kooperationsvorhabens sind. Wirtschaftliches und/oder rechtliches Interesse an einer Entscheidung als Begründung würden dann allein nicht mehr ausreichen. Die Notwendigkeit einer Einzelfallentscheidung müsste ausführlicher begründet werden, um sicherzustellen, dass diese Regelung auch nur in wirklich unklaren Fällen in Anspruch genommen wird.

7. Kooperation in der Literatur

Solange sie nicht gegen diverse Tatbestandsmerkmale des Wettbewerbsrechts verstoßen, stehen Unternehmen unzählige Möglichkeiten der Kooperation offen. Angefangen von minimaler Zusammenarbeit und Bindung bis hin zu langfristigen Kooperationsverträgen, mit denen sich die Partner über mehrere Jahre gegenseitig in die Pflicht nehmen. Es gibt ein enorm breites Spektrum innerhalb dessen sich kooperationswillige Unternehmen bewegen können. Der Begriff der „Kooperation" wird im wirtschaftswissenschaftlichen Schrifttum seit Jahrzehnten immer wieder definiert. In der zweiten Hälfte des 20. Jahrhunderts wurden beispielsweise Definitionen veröffentlicht, die einerseits eine „Verbesserung der wirtschaftlichen Situation der kooperierenden Unternehmen herausstellten[155]", andererseits eine Zusammenarbeit von einigen wenigen, wirtschaftlich selbstständigen Unternehmen „zur Steigerung der gemeinsamen Wettbewerbsfähigkeit[156]" betonten. Salje erkennt in den 1980ern in einer „mehr oder weniger deskriptive(n) Komponente[157]" eine Gemeinsamkeit aller Definitionen. Dazu zählt er die Zusammenarbeit von Unternehmen unter Beibehaltung der rechtlichen Selbstständigkeit, eine Ausgliederung von Funktionen inklusive deren Koordinierung, freiwillige vertragliche Abmachungen, Verträge, Empfehlungen und Abstimmungen innerhalb eines staatlich gesetzten Rahmens sowie die ex-ante Koordination[158]. Offenbar hat sich diese

---

[155] Vgl. *Gerth, Ernst:* „Zwischenbetriebliche Kooperation", S. 17.
[156] *Jacob, Herbert:* „Unternehmenspolitik bei schwankender Konjunktur", Kurzlexikalische Erläuterungen, in: Schriften zur Unternehmensführung, hrsg. von Herbert Jacob, Band 1, S. 136.
[157] *Salje, Peter:* „Die mittelständische Kooperation zwischen Wettbewerbspolitik und Kartellrecht", S. 3.
[158] ebd.

Ansicht bis in die heutige Zeit durchgesetzt. So definieren etwa Hille und Schraml in ihrem von der IHK herausgegebenen Ratgeber Kooperation als „die auf eine konkrete Aufgabe begrenzte oder auf eine längere Zeitdauer angelegte Zusammenarbeit rechtlich und wirtschaftlich selbständiger[sic!] Unternehmen zur Bündelung quantitativer, fachlicher oder lokaler Ressourcen zum Zwecke der Akquisition oder Erledigung von Aufträgen oder zur Verringerung des mit solchen Aufträgen verbundenen finanziellen Risikos[159].“ Weiterhin kommen sie zu dem allgemein bekannten Schluss der Superadditivität, einfacher ausgedrückt, das „Ganze ist mehr als die Summe seiner Teile[160].“ Man kann unter Kooperation also die Verbesserung der wirtschaftlichen Situation durch das gemeinsame Wahrnehmen und Koordinieren von Aufgaben unter Erhalt der eigenen Selbstständigkeit verstehen. Letzterer Teil ist leicht messbar, die Selbstständigkeit ist genau so lange gegeben, wie die Entscheidungen noch von der gleichen Instanz endgültig und unabhängig getroffen werden (können). Auch die Erfolgskomponente ist (ex-post) relativ einfach festzustellen, Erfolg ist genau dann gegeben, wenn sich die wirtschaftliche Situation für das Unternehmen im Vergleich zum Unterlassen der Kooperation verbessert hat. Erheblich mehr Spielraum ist für die eigentliche Kooperation selbst gegeben. Wie und mit welchen Gestaltungsalternativen eine solche durchgeführt werden kann, soll nun erörtert werden.

---

[159] *Hille, Hans-Eduard, Schraml, Claudia:* „Kooperation von Dienstleistern - mit Kooperationen zum Erfolg!", IHK Darmstadt (Hrsg.), S. 11.
[160] ebd.

8. Möglichkeiten der Kooperation

Nach allgemeinem betriebswirtschaftlichem Verständnis lassen sich Kooperationen grundsätzlich in zwei Kategorien einteilen, zum einen nach der Art der verbundenen Wirtschaftsstufen, zum anderen nach der Bindungsintensität[161]. Diese beiden Ausprägungsmerkmale sollen angeführt und anhand verschiedener in der Praxis vorzufindender Kooperationsarten erläutert werden.

8.1 Kooperation nach Art der verbundenen Wirtschaftsstufen

Das Kartellrecht des Art. 81 EGV kennt, ebenso wie die Fusionskontrolle, drei verschiedene Möglichkeiten, in welcher Beziehung kooperierende bzw. fusionierende Unternehmen zueinander stehen können. Man unterscheidet horizontale, vertikale und laterale Zusammenschlüsse. In der Fusionskontrollverordnung (FKVO)[162] sind zudem im Einzelnen Vorschriften für die Genehmigung von Zusammenschlüssen bzw. Fusionen sekundärrechtlich geregelt. Je nachdem, ob es sich um einen bloßen Kontrollerwerb handelt, etwa durch den Erwerb von Anteilsrechten oder Vermögenswerten, oder um eine echte Fusion, bei der ein Unternehmen ein anderes vollständig in sich aufgehen lässt, gelten verschiedene Regelungen[163]. Unabhängig davon, ob die Arten der Zusammenschlüsse durch Fusion oder Vereinbarung herbeigeführt wurden, finden sie auf den gleichen Ebenen statt und beeinflussen den Wettbewerb in ähnli-

---

[161] Vgl. *Müller, Markus J.:* „Kooperation von Jungunternehmen als Instrument des Risiko-Managements in Venture - Capital - Gesellschaften", S. 76ff.; *Wöhe, Günter:* „Einführung in die allgemeine Betriebswirtschaftslehre", S. 254.

[162] Verordnung (EG) Nr. 139/2004 des Rates über die Kontrolle von Unternehmenszusammenschlüssen, ABl. EG Nr. L 24 S. 1.

[163] Zur Fusion mehr unter 8.2.1.7.

cher Weise. Da bei einer Fusion aber in der Regel mindestens ein Partner seine Selbstständigkeit aufgibt, ist das für den Begriff der Kooperation allerdings nicht von Bedeutung. Lediglich die Rechtsnorm soll als Anhaltspunkt dienen.

8.1.1 Laterale Kooperation

Mit geringsten negativen Auswirkungen auf den Wettbewerb sind laterale oder konglomerate Zusammenschlüsse zu bewerten. Hier arbeiten Unternehmen zweier verschiedener Wirtschaftsstufen zusammen. Normalerweise sind diese auch nicht im selben Wirtschaftsbereich tätig. Anwendung findet diese Art der Kooperation beispielsweise als Mittel zur Stärkung der Finanzkraft der Unternehmen oder in der gemeinsamen Grundlagenforschung[164]. Im Rahmen des Kartellrechts ist dieser Zusammenschluss jedoch tendenziell zu vernachlässigen.

8.1.2 Vertikale Kooperation

Bei Zusammenschlüssen entlang der Wertschöpfungskette, also auf vor- oder nachgelagerten Wirtschaftsstufen, spricht man von vertikaler Kooperation. Die beteiligten Unternehmen konzentrieren sich normalerweise auf einen bestimmten Teil der Leistungserstellung. Im Idealfall wird jedes Unternehmen im Bereich seiner Kernkompetenzen tätig und alle ergänzen sich gegenseitig[165]. Der unmittelbare Einfluss auf den Wettbewerb ist etwas höher als bei einer lateralen

---

[164] *Thelen, Eva:* „Die zwischenbetriebliche Kooperation: ein Weg zur Internationalisierung von Klein- und Mittelbetrieben“, S. 58.

[165] *Wallner, Heinz Peter:* „Netzwerke und Kooperationen: Ein Informations- und Arbeitsheft für UnternehmerInnen“, S. 17.

Kooperation, es können bereits negative Folgen auftreten. Sowohl die Durchsetzung bestimmter Abnahmebestimmungen als auch Alleinlieferverpflichtungen, die ein Unternehmen der nächsten Stufe begünstigen respektive benachteiligen, können hier den Wettbewerb verzerren. Da die Aufgabenteilung relativ strikt festgelegt ist, können Anbieter bzw. Weiterverarbeiter auf nachgelagerten Ebenen kaum in den Wettbewerb eintreten. Ein typisches Beispiel aus dem KMU - Bereich[166] wäre etwa die Kooperation eines Sägewerks mit einem Zimmereibetrieb. Da das Sägewerk vorrangig für diese eine Zimmerei produziert, fällt es zu gewissem Grad als Anbieter für andere Zimmereibetriebe und damit als Wettbewerber am Markt aus. Der Grad der Wettbewerbsbeeinträchtigung ergibt sich in diesem Fall daraus, wie viele Anbieter (Sägewerke) am Markt tätig werden und wie groß der Anteil der im Rahmen der Kooperation verkauften Menge an Holz an der insgesamt gehandelten Menge ist.

8.1.3 Horizontale Kooperation

Mindestens zwei Unternehmen oder Unternehmensvereinigungen auf gleicher Wirtschaftsstufe kooperieren miteinander. Absprachen und aufeinander abgestimmtes Verhalten am Markt haben direkten Einfluss auf den Wettbewerb. Kennzeichnend hierfür ist etwa eine Gleichrichtung von Aktivitäten und die Addition der Kräfte des Unternehmens[167]. Durch die Zusammenarbeit entledigen sich die Unternehmen des Wettbewerbsdrucks und des mit deutlich höheren Risiken behafteten autonomen Agierens. Innerhalb des Marktes

---

[166] Es wird unterstellt, dass die Beispielbetriebe die Kriterien der KMU - Definition erfüllen.

[167] *Wallner, Heinz Peter:* „Netzwerke und Kooperationen: Ein Informations- und Arbeitsheft für UnternehmerInnen", S. 17.

wird der Wettbewerb somit teils erheblich verringert, im schlimmsten Fall sogar ganz ausgeschaltet. So wäre es denkbar, dass sich die Sägewerke einer bestimmten Region zusammenschließen und damit den Wettbewerb für Bretter und andere Sägewerkerzeugnisse erheblich einschränken. Geschädigter wären die umliegenden Zimmereibetriebe, die entweder höhere Preise akzeptieren müssen, oder das Holz von weiter entfernten Betrieben beziehen können, was im Regelfall zu höheren Transportkosten führt[168].

8.2 Kooperation nach Bindungsintensität

Das andere Kriterium zur Einteilung von Kooperationen ist, wie bereits erwähnt, die Bindungsintensität. Konsequenterweise sollte diese durch das zu erreichende Ziel bestimmt werden[169]. Langfristige, dauerhafte Zusammenarbeit erfordert eine wesentlich stärkere Bindung und damit Öffnung gegenüber dem Kooperationspartner, als lediglich der Wunsch, ein gemeinsames Projekt durchzuführen. Entsprechend werden die verschiedenen Arten anhand der typischen Einsatzgebiete erläutert und die Wesensmerkmale herausgearbeitet. Nach wie vor behalten die zusammenarbeitenden Unternehmen ihre wirtschaftliche Selbstständigkeit und legen nicht alle Funktionen zusammen, was die Kooperation von der Konzentration oder Fusion unterscheidet[170].

Für Kooperationen zwischen KMU ist nahezu ausschließlich das Kartellrecht betroffen. Der Missbrauch einer marktbeherrschenden Stellung ist kaum zu erwarten, da die Unternehmen so gut wie nie

---

[168] Wenn man davon ausgeht, dass die Kooperation in Form eines Preis- oder Mengenkartells erfolgt.
[169] *Wöhe, Günter:* „Einführung in die allgemeine Betriebswirtschaftslehre“, S. 254ff.
[170] ebd. S. 255.

eine derart starke Marktposition einnehmen, dass sie den Markt beherrschen können. Somit sind primär die Tatbestandsmerkmale des Art. 81 I EGV bzw. des § 1 GWB bei der wettbewerbsrechtlichen Untersuchung einer Kooperation von KMU heranzuziehen. Insbesondere aufeinander abgestimmte Verhaltensweisen sind allen folgend aufgeführten Kooperationen gemeinsam, jedoch in den meisten Fällen aufgrund bestimmter anderer Voraussetzungen[171] vom Kartellverbot freigestellt.

8.2.1 Wirtschaftswissenschaftliche Standardformen der Kooperation

Der Begriff „Standardformen" bezieht sich auf die in den Lehrbüchern[172] genannten Typen von Kooperationen, die auf Erfahrungen aus der Unternehmenspraxis beruhen. Dass im Einzelnen teils stark unterschiedliche Auffassungen über das Vorhandensein und die Einordnung einer Kooperation existieren, ergibt sich beispielsweise aus einer Studie im Auftrag der Otto Brenner Stiftung[173]. Die beiden Autoren ziehen aus Widersprüchen innerhalb der Antworten ihres Fragebogens den Schluss, dass „vielfach engere Lieferantenbeziehungen bereits als ‚Kooperation' beurteilt werden", obwohl dies zumindest definitionsgemäß keine „echte" Kooperation darstellt. Da aber generell sämtliche verfügbare Information zumindest ursprünglich auf Auskünften aus den Unternehmen und damit auf der subjek-

[171] Vgl. etwa Art. 81 III EGV oder § 3 GWB.

[172] Vgl. u.a. *Wöhe, Günter:* „Einführung in die allgemeine Betriebswirtschaftslehre"; *Kotler, Philip; Bliemel, Friedhelm*: „Marketing - Management - Analyse, Planung und Verwirklichung"; *Hungenberg, Harald*: „Strategisches Management in Unternehmen"; *Siebert, Holger* in *Sydow, Jörg (Hrsg.)*: „Management von Netzwerkorganisationen", S. 9f.

[173] *Harzer, Klaus und Müller, Rolf:* „Veränderte Arbeitsbedingungen für Mitarbeiter in kooperierenden und vernetzten Mittelstandsunternehmen vor dem Hintergrund verstärkter Kooperationsforderungen an mittelständische Zulieferfirmen im KFZ – Zulieferbereich", S. 11.

tiven Einschätzung des Informanten beruhen, muss dies bei der Betrachtung natürlich berücksichtigt werden. Dem wird insofern Rechnung getragen, als dass folgende Aufzählung die gebräuchlichsten Formen der Kooperation abdeckt, aber keinesfalls Anspruch auf Vollständigkeit erhebt. Die Einstufung von sowohl eigentlich eindeutig zuordenbaren Kooperationen als auch von Mischformen hängt entscheidend von der verwendeten Definition ab[174]. Genauso wie jedes zu erreichende Ziel der Unternehmen individuell ist, ist auch die operative Durchführung einer Kooperation individuell.

8.2.1.1 Arbeitsgemeinschaften und Konsortien

Diese Form der Zusammenarbeit weist nicht nur eine relativ geringe Bindungsintensität auf, sondern ist in der Regel auch nur für die Dauer der Abwicklung eines bestimmten Projekts ausgelegt. Man spricht deshalb auch von einer Gelegenheitsgesellschaft. Da allein durch die zeitliche Begrenztheit eine dauerhafte Wettbewerbsbeeinträchtigung ausgeschlossen ist und die Bindung zudem nicht sehr stark ist, gibt es kaum Konfliktpotential mit dem Wettbewerbsrecht. Einzelne Verstöße sind jedoch nicht ausgeschlossen. Einer der Hauptvorteile dieser Art von Kooperation liegt darin, dass die Partner nur die für die Durchführung des Projekts tatsächlich relevanten Informationen austauschen müssen. Somit läuft keiner der Beteiligten Gefahr, einen nicht mehr vertretbaren Know - How - Abfluss zu riskieren. Klassisches Anwendungsgebiet ist die Baubranche, in der sich vor allem kleine Unternehmen für diese Art der kar-

[174] *Schwegler, Gudrun A.:* „Kooperationsentwicklung bei zwischenbetrieblicher Zusammenarbeit“, S. 29ff.

tellfreien Kooperation entscheiden[175]. Aber auch andere Bereiche in denen überwiegend größere Einzelgeschäfte den Alltag bestimmen sind denkbar, etwa der Anlagen- oder Maschinenbau. Insgesamt unterscheidet man dabei „echte“ und „unechte“ Arbeitsgemeinschaften[176], je nachdem ob mehrere Unternehmen eine tatsächlich existierende Außengesellschaft[177] gründen oder der Zusammenschluss in Form von Subunternehmungen vollzogen wird. Folgende Abbildungen sollen den Unterschied illustrieren.

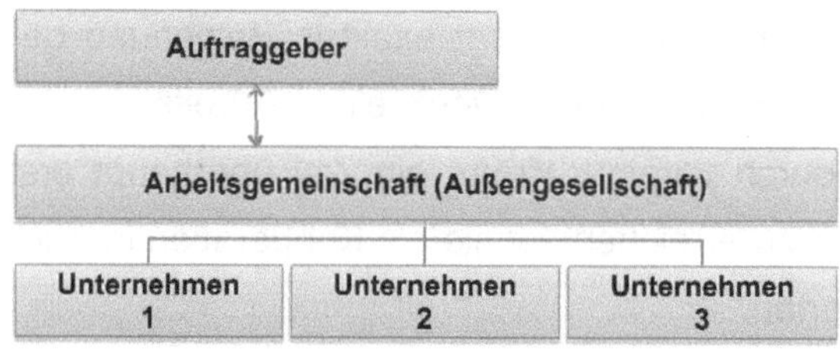

[Abb. 5 – Echte Arbeitsgemeinschaft]

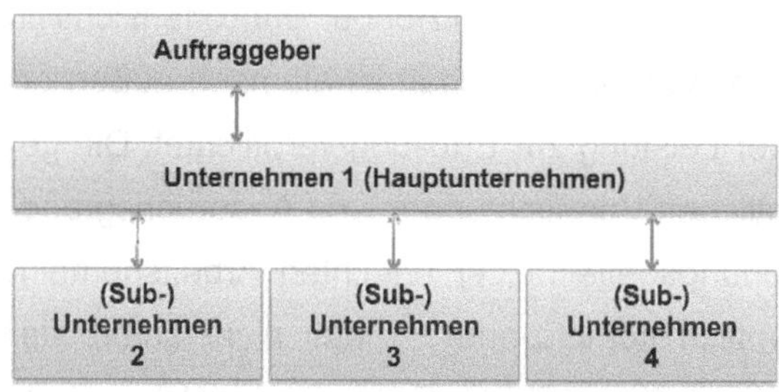

[Abb. 6 – Unechte Arbeitsgemeinschaft]

---

[175] Vgl. 6.4.
[176] *Wöhe, Günter:* „Einführung in die allgemeine Betriebswirtschaftslehre“, S. 260f.
[177] Aufgrund der formlosen, unproblematischen „Gründung“ oft als Gesellschaft des bürgerlichen Rechts (GbR nach §§ 705ff. BGB), vgl. *Wöhe, Günter:* „Einführung in die allgemeine Betriebswirtschaftslehre“, S. 260.

Für die kooperierenden Unternehmen selbst erscheint es zunächst egal, ob der Auftrag unmittelbar vom Auftraggeber kommt oder lediglich mittelbar über ein zwischengeschaltetes Hauptunternehmen. Allerdings spielt es für die Beurteilung des Grades der Zusammenarbeit sehr wohl eine Rolle, ob die Strukturen bei der unechten Arbeitsgemeinschaft bereits vor Bemühung um eine Auftragsvergabe klar waren und somit von einer echten Kooperation gesprochen werden kann, oder ob das Hauptunternehmen sich im Nachhinein seine Subunternehmer aussucht. Letzteres ist nicht als Kooperation zu werten, da Ursache und Wirkung nicht exakt in Beziehung gesetzt werden können. Nur wenn der Zweck einer Arbeitsgemeinschaft darin besteht, durch vereinte Kräfte ein Ziel überhaupt erst oder zumindest leichter zu erreichen, ist sie als Kooperation im Sinne dieser Studie zu werten.

Im direkten Vergleich ergibt sich bei der echten Arbeitsgemeinschaft eine stärkere Intensität und Bindung der Unternehmen aneinander, weil sie sich für Außenstehende nachvollziehbar und offensichtlich zusammenschließen. Die Außengesellschaft ist als nach außen erkennbarer Schuldner der Leistung zur Erfüllung verpflichtet. Die gegenseitigen schuldrechtlichen Verpflichtungen und Anspruchsgrundlagen sind beim Beziehungsgeflecht der unechten Arbeitsgemeinschaft hingegen wesentlich komplizierter[178], weil nicht sofort klar wird, welcher Kooperationspartner für die Erbringung welchen Teils der Leistung verantwortlich und im Zweifel haftbar zu machen ist. Die Kooperation ist im Normalfall loser und unverbindlicher. Wettbewerbsrechtlich wird der Tatbestand einer Unternehmensvereinbarung oder einer abgestimmten Verhaltensweise von der echten Ar-

[178] Es sei denn, es wird gesamtschuldnerische Haftung nach § 421 BGB vereinbart.

beitsgemeinschaft eher erfüllt als von der unechten. Somit ist eine Verfälschung oder Behinderung des Wettbewerbs durch eine echte Arbeitsgemeinschaft wahrscheinlicher, aber nicht zwingend.
Der Vollständigkeit halber sei vermerkt, dass der Begriff Konsortium, vorzugsweise bei Zusammenarbeit von Banken verwendet, von der Idee her synonym zur Arbeitsgemeinschaft zu verwenden ist[179].

8.2.1.2 Interessengemeinschaft

Wie der Name vermuten lässt, stehen bei dieser Form die gemeinsamen wirtschaftlichen Interessen der Firmen im Vordergrund. Diese Schnittmengen können sehr vielschichtig sein und sich entlang der gesamten Wertschöpfungskette entfalten. Im Gegensatz zur Gelegenheitsgesellschaft ist oft ein Vertrag zur gemeinsamen Interessenverfolgung Basis der Zusammenarbeit. Wiederum bietet sich hierzu die Gesellschaft des bürgerlichen Rechts an, vor allem weil sich nach dem Wortlaut alle Gesellschafter „gegenseitig (verpflichten), die Erreichung eines gemeinsamen Zweckes in der durch den Vertrag bestimmten Weise zu fördern, insbesondere die vereinbarten Beiträge zu leisten[180]“. Die Partner tauschen die zur Zielerreichung notwendigen Informationen aus, bleiben dabei aber rechtlich komplett und wirtschaftlich weitgehend selbstständig. Die Zusammenarbeit in Forschung und Entwicklung, Aufteilung der Fertigung oder der gemeinsame Einkauf[181] sind herausragende Möglichkeiten für KMU, Kosten zu senken und effizienter zu arbeiten. Somit kann

---

[179] *Wöhe, Günter:* „Einführung in die allgemeine Betriebswirtschaftslehre“, S. 261.
[180] Vgl. § 705 BGB.
[181] Vgl. *Wöhe, Günter:* „Einführung in die allgemeine Betriebswirtschaftslehre“, S. 262.

ein wichtiger Beitrag zur Sicherung des langfristigen Erfolgs geleistet und die Wettbewerbsfähigkeit gegenüber Großunternehmen gesteigert werden. Vor allem wenn die Kooperation vertikaler[182] Natur ist und entstehende Vorteile an den Verbraucher weitergegeben werden, gibt es auch hier kaum Einschränkungen durch das Wettbewerbsrecht. Allerdings sind die Marktgegebenheiten und der Gesamtwettbewerb im Einzelfall entscheidend, eine grundsätzliche Vermutung für einen Verstoß gegen das Kartellrecht gibt es nicht.

8.2.1.3 Kartell

Der Begriff „Kartell" stellt prima facie eine Wettbewerbsverzerrung und damit einen Verstoß gegen das Wettbewerbsrecht dar. Kartelle rufen automatisch eine negative Konnotation hervor[183] und sind grundsätzlich verboten. Allerdings gibt es zahlreiche Ausnahmen vom Kartellverbot, wie bereits erläutert gerade auch für den Mittelstand[184]. Zudem beinhaltet ein Kartell wirtschaftswissenschaftlich betrachtet bedeutend mehr als die bloße Koordination von Preisen. Ein Kartell ist eine Vereinbarung von selbstständigen Unternehmen, mit dem Ziel, die Konkurrenz untereinander zu regulieren. Durch die Kooperation werden wirtschaftliche Aktivitäten unabhängiger Unternehmen abgesprochen, um eine Verhinderung oder zumindest eine Beschränkung des Wettbewerbs zu erzielen. Abhängig von der Rechtsform und dem Auftreten nach außen unterscheidet man Kar-

[182] Vgl. 8.1.2.
[183] Man denke beispielsweise an das Ölkartell OPEC, mit dem die Regulierung der überhöhten Benzinpreise an deutschen Tankstellen begründet wird oder die Kartelle aus der Zeit der Robber Barons in den USA, durch die sich Unternehmer wie John D. Rockefeller ein immenses Vermögen aufbauen konnten.
[184] Vgl. 6.6.

telle niedriger Ordnung[185] und Kartelle höherer Ordnung[186]. Regelmäßig versuchen Kartellmitglieder dabei die Vorteile eines monopolistischen Marktes zu erreichen[187], wobei es unerheblich ist, ob diese Verfälschung des Wettbewerbs tatsächlich bezweckt oder lediglich bewirkt wird. Während wettbewerbsrechtlich unterschiedlichste Sachverhalte unter den Tatbestand des Kartells subsumiert werden[188], sollen an dieser Stelle die ökonomisch relevanten Kartellarten erläutert werden. Nach Wöhe[189] sind die bedeutendsten Kartellarten *Konditionenkartelle*, bei denen geschäftliche Nebenbedingungen[190] abgesprochen werden, *Preiskartelle*, die Preise jeglicher Art für Kartellmitglieder verbindlich vorschreiben[191], *Produktionskartelle*, welche produktionstechnische Vereinbarungen (beispielsweise Normen und Typen) regeln und *Absatz- oder Beschaffungskartelle*. Bei letzteren wird entweder das Absatz- oder Beschaffungsgebiet räumlich aufgeteilt, so dass jeder Anbieter nur in einer bestimmten Region tätig werden darf (Gebietskartell) und ein wettbewerbliches Verhalten ausgeschlossen werden kann, oder eine zentrale Einrichtung organisiert und regelt die gesamten Beschaffungs- bzw. Absatzvorgänge (Syndikat). In jedem Fall wird die wirtschaftliche Selbstständigkeit der Unternehmen teilweise erheblich eingeschränkt. Durch den internen Druck, der sich aus der Mitgliedschaft

---

185 etwa in Form einer GbR.

186 Wenn beispielsweise die Leitung des Kartells auf einen eigenen Rechtsträger ausgegliedert wird.

187 *Wöhe, Günter:* „Einführung in die allgemeine Betriebswirtschaftslehre“, S. 262.

188 Vgl. *Emmerich, Volker:* „Kartellrecht“, §§ 4-8 und §§ 21-26.

189 Vgl. *Wöhe, Günter:* „Einführung in die allgemeine Betriebswirtschaftslehre“, S. 262ff.

190 Wie Begrenzung von Öffnungszeiten, Festlegung von Liefer- und Zahlungszielen, Transportkostenregelungen.

191 Sonderformen wie Submissions- oder Gewinnverteilungskartelle sind für diese Arbeit von untergeordneter Bedeutung.

in einem Kartell ergibt[192] folgt eine relativ starke Bindung der kooperierenden Unternehmen aneinander.

8.2.1.4 Ergebnisgemeinschaft

Weitergehend als beim Kartell ist die Bindungsintensität bei Ergebnisgemeinschaften (teilweise auch als Gewinngemeinschaft bezeichnet). Die Besonderheit dieser Kooperationsart liegt darin, dass die kooperierenden Unternehmen sich den entstehenden Gewinn teilen. Meist erfolgt eine Ergebnis-Poolung auf Gleichordnungsbasis[193], was dazu führt, dass alle Kooperationspartner auf das Gelingen der Zusammenarbeit in gleichem Maße angewiesen sind. Darin liegt auch der Kernunterschied zur Interessen- oder Arbeitsgemeinschaft. Allerdings bleiben die Unternehmen nach wie vor rechtlich selbstständig. Die starke Bindung drückt sich hier vor allem durch ein besonderes Vertrauensverhältnis aller Beteiligten zueinander aus, das in Anbetracht des gemeinsamen Gewinn- bzw. Verlustrisikos auch nötig ist. Für das Wettbewerbsrecht ist vor allem die entstehende Marktmacht von Bedeutung. Das Tatbestandsmerkmal der Wettbewerbsverfälschung ist insbesondere dann anzunehmen, wenn durch die Zusammenarbeit ein Ungleichgewicht oder eine Verdrängung anderer, kleiner Marktteilnehmer erfolgt oder zumindest zu erwarten ist. Um Sanktionen durch die Behörden zu vermeiden, muss dann eine Einzelfalluntersuchung erfolgen.

---

[192] Insbesondere bei illegalen Kartellen, deren Bekanntwerden empfindlichen Strafen nach sich ziehen kann.

[193] *Zentes, Joachim; Swoboda, Bernd; Morschett, Dirk (Hrsg.)*: „Kooperationen, Allianzen und Netzwerke“, S. 1106.

8.2.1.5 Gemeinschaftsunternehmen

Das Gemeinschaftsunternehmen ist vom Aspekt der Risikoverteilung ähnlich einzuordnen wie die Gewinngemeinschaft. Durch die Gründung eines gemeinsamen Unternehmens, an dem alle beteiligten Gesellschafterunternehmen im Normalfall die gleichen Anteile halten, wird der Erfolg nach wie vor von allen gleichermaßen verantwortet, jedoch unter dem Dach einer eigenständigen, selbstständigen Gesellschaft. Wenn Unternehmen aus mehreren Ländern beteiligt sind wird häufig die Bezeichnung *Joint Venture* verwendet. Die begriffliche Trennung von Joint Venture und Gemeinschaftsunternehmen ist aber nicht ganz eindeutig. Während in der Literatur das Kriterium der internationalen Zusammenarbeit meistens mit einem Joint Venture verbunden wird[194], finden sich auch synonyme Verwendungen der beiden Begriffe bzw. betrachten Gemeinschaftsunternehmen als eine Sonderform des Joint Ventures[195]. Da aus wettbewerbsrechtlicher Sicht insbesondere dann, wenn Unternehmen aus mehreren (EU-)Staaten beteiligt sind, ein zwischenstaatlicher Bezug gegeben ist[196], soll für diese Studie die Internationalität Hauptunterscheidungskriterium sein. Des Weiteren finden sich auch Anmerkungen zur zeitlichen Komponente von Joint Ventures und Gemeinschaftsunternehmen. Dabei wird davon ausgegangen, dass Joint Ventures grundsätzlich von kürzerer Dauer sind und nur bis zur Erreichung eines bestimmten Ziels aufrecht erhalten

---

194 Vgl. *Kotler, Philip; Bliemel, Friedhelm*: „Marketing - Management - Analyse, Planung und Verwirklichung", S. 631f.; *Wöhe, Günter:* „Einführung in die allgemeine Betriebswirtschaftslehre", S. 264f., S. 880.

195 Vgl. *Hungenberg, Harald:* „Grundlagen der Unternehmensführung", S. 135; aber auch Wöhe schließt eine synonyme Verwendung grundsätzlich nicht aus, dazu *Wöhe, Günter:* „Einführung in die allgemeine Betriebswirtschaftslehre", S.264f.

196 Vgl. 6.2.

werden, Gemeinschaftsunternehmen sind dagegen langfristiger Natur[197].

Die praktische Ausgestaltung des Gemeinschaftsunternehmens als Kooperationsform ist der des Joint Venture tatsächlich ähnlich. Weitergehend als die bloße Verteilung eines entstehenden Gewinns steht die gemeinsame Entwicklung von Geschäftsfeldern unter der Leitung aller Anteilseigner am Gemeinschaftsunternehmen im Vordergrund. Die Führung wird also gemeinschaftlich und nicht von einem Unternehmen alleine ausgeübt. Institutionell werden die gemeinsamen Aktivitätsfelder häufig komplett aus den jeweiligen Partnerunternehmen ausgegliedert und im Gemeinschaftsunternehmen vereint[198]. Je nach Zweck des Gemeinschaftsunternehmens kann dies sämtliche Bereiche entlang der Wertschöpfungskette betreffen. Denkbar ist etwa die gemeinsame Herstellung von Endprodukten, die aus Halbteilen der kooperierenden Unternehmen bestehen[199]. Durch die Bündelung von Endfertigung und Absatz können Kosten eingespart werden. Außerdem ist der Informationsaustausch und die Abstimmung der Produkte aufeinander wesentlich unkomplizierter. Aber auch weniger intensive Formen des Gemeinschaftsunternehmens, etwa die Gründung einer Marketinggesellschaft, die für eine einheitliche Vermarktung der Firmen und ihrer Produkte nach außen sorgt, finden sich in der Praxis[200]. Die Förderung der Rentabilität ist dabei wesentlicher Bestandteil, weil darin der Hauptvorteil

---

[197] Da sich keine der einschlägigen Definitionen als grundsätzlich richtiger als eine andere erweist, bleibt ein gewisser Auslegungsspielraum nach wie vor bestehen. Es ist daher sinnvoll, vor der Verwendung der Begriffe festzulegen, wie sie im Einzelfall gemeint sind.

[198] *Hungenberg, Harald:* „Strategisches Management in Unternehmen“, S. 524.

[199] So etwa Schott und Wacker in der gemeinschaftlichen Herstellung von Solarwafern oder Matador und Continental in der Herstellung von Lkw-Reifen.

[200] Häufig zu finden in der Gastronomie und Tourismusbranche.

liegt. Wettbewerbsrechtlich ist das Gemeinschaftsunternehmen ähnlich einzustufen wie die Ergebnisgemeinschaft. Je höher der Marktanteil, desto wahrscheinlicher sind Einschränkungen oder gar eine Untersagung durch die Behörden.

8.2.1.6 Konzern

Aufgrund der in 2. genannten Kriterien für die Abgrenzung von KMU erscheint die Bildung eines Konzerns für kleine Unternehmen relativ unwahrscheinlich. Konzerne sind in der Praxis zwar relativ weit verbreitet, da jedoch die Unternehmensvereinigung als Ganzes betrachtet wird, ist der KMU-Tatbestand regelmäßig nicht erfüllt. Ein Konzern besteht aus mehreren rechtlich selbstständigen Unternehmen unter einheitlicher Leitung, wobei grundsätzlich zwischen einem Gleichordnungskonzern und einem Unterordnungskonzern unterschieden wird[201]. Bei ersterem schließen sich zwei gleichberechtigte Unternehmen, die voneinander unabhängig sind, zusammen. Im Gegensatz zum Gemeinschaftsunternehmen werden jedoch nicht einzelne Aktivitäten ausgelagert, sondern die Unternehmen behalten ihre Funktionen weiter bei, werden aber einheitlich geführt. Es besteht also für alle beteiligten Unternehmen Weisungsgebundenheit gegenüber der Konzernzentrale. Im Unterordnungskonzern gibt es, wie der Name vermuten lässt, mindestens ein herrschendes und ein abhängiges Unternehmen. Auch hier sind die Weisungen der Konzernzentrale bindend, kommen aber intern anders zustande, nämlich durch maßgeblichen Einfluss des herrschenden Unternehmens. Eine Erscheinungsform die möglicherweise für KMU in

---

[201] Vgl. *Wöhe, Günter:* „Einführung in die allgemeine Betriebswirtschaftslehre“, S. 267f.

Betracht kommt ist die Gründung einer Holding[202], in der die strategische Führung und / oder die Finanzhoheit zentralisiert werden. Dabei ist aber zu beachten, dass es sich bei der Umwandlung eines Unternehmens in einen Konzern nur auf dem Papier um eine Unternehmenskooperation handelt. Die klassische interbetriebliche Kooperation setzt zumindest zwei zunächst voneinander unabhängige Partner voraus. Mit der Unterteilung werden einzelne Geschäftsbereiche faktisch als eigenständige Unternehmen ausgewiesen, um einzelne Profit Center voneinander zu trennen und somit eine sinnvolle Struktur für die einzelnen Tätigkeitsbereiche zu bekommen. Sowohl absoluter als auch relativer Erfolg kann konzernintern ausgewiesen und verglichen werden. Dadurch kann die Konzernleitung die Entwicklung der einzelnen Sparten beurteilen und in ihr strategisches Entscheidungskalkül einbeziehen[203].

Konzerninterne Vereinbarungen werden regelmäßig nicht vom Kartellverbot des Art. 81 I EGV erfasst[204], wenn „die Unternehmen eine wirtschaftliche Einheit bilden, in deren Rahmen die Tochtergesellschaft ihr Vorgehen auf dem Markt nicht wirklich autonom bestimmen kann[205]". Wenn ein Unternehmen sein Vorgehen nicht mehr autonom bestimmen kann, so handelt es sich, wie bereits erwähnt, um keine echte Kooperation mehr, sondern um eine Beherrschung. Nur für den äußerst seltenen Fall, dass KMU in einem Konzern

---

[202] Dazu vertiefend: *Keller, Thomas (Hrsg.):* „Die Holding im Mittelstand: Leitfaden zur Umsetzung moderner Managementsysteme".

[203] Vertiefend dazu Literatur zum strategischen Management, stellvertretend für viele: *Nagel, Reinhardt*: „Systemische Strategieentwicklung"; *Porter, Michael E.*: „Competitive Strategy"; *Keller, Thomas (Hrsg.):* „Die Holding im Mittelstand: Leitfaden zur Umsetzung moderner Managementsysteme"; *Eschenbach, Rolf.*: „Strategische Konzepte"; *Hungenberg, Harald:* „Strategisches Management in Unternehmen".

[204] *Eilmansberger, Thomas in Streinz, Rudolf (Hrsg.):* „EUV/EGV - Vertrag über die Europäische Union und Vertrag zur Gründung der Europäischen Gemeinschaft", S. 933f., Rn. 6ff.

[205] EuGH, Rs. 30/87, Bodson, Slg. 1988, 2479 Rn. 19.

kooperieren und dabei keine wirtschaftliche Einheit bilden, ist es wettbewerbsrechtlich von Bedeutung.

8.2.1.7 Fusion

Die Fusion ist die stärkste Form der Kooperation[206], weil hier die beteiligten Unternehmen ineinander aufgehen. Eine Fusion betrifft im Normalfall genau zwei Unternehmen, theoretisch können aber auch mehrere Unternehmen zu einem neuen Betrieb fusionieren. Entweder geht ein Unternehmen in einem anderen auf und die Geschäfte werden weiter im Namen und auf Rechnung des aufnehmenden Unternehmens getätigt (Eingliederung) oder beide Unternehmen verschmelzen zu einem komplett neuen Unternehmen als neue rechtliche Einheit. In beiden Fällen wird die rechtliche wie tatsächliche Selbstständigkeit der Unternehmen als „unabhängige Partner" aufgegeben, womit die Kooperation auf jeden Fall dauerhaft angelegt ist und nach gewisser Zeit nicht mehr als solche empfunden wird, da die Unternehmen fortan als „ein Unternehmen" auftreten. Hinsichtlich der Geschäftstätigkeit der Unternehmen ergeben sich zwei Grundmodelle[207]. Von einer kongruenten Fusion spricht man, wenn Unternehmen mit gleichen Geschäftsfeldern verschmelzen, überwiegend aus Gründen der Kosteneinsparung motiviert. Komplementäre Fusionen hingegen ergänzen die Geschäftsfelder der Partner, meist mit dem Ziel, neue Märkte oder Kundensegmente zu erschließen[208]. Letztere ist grundsätzlich weniger bedenklich für den

---

206 Kooperation erfolgt aber nur in der Anbahnungs- und frühen Umsetzungsphase beim Informationsaustausch, danach ist der Begriff „Kooperation" nicht mehr zutreffend.

207 *Lickert, Stephan:* „Unternehmenszusammenschlüsse: Konsequenzen für das Humankapital", S. 15.

208 ebd.

freien Wettbewerb, weil hier keine direkten Konkurrenten kooperieren. Da aber gerade KMU in der Regel sehr traditionsbewusst am Markt auftreten und ihre Eigenständigkeit betonen[209], sind Fusionen für sie nicht besonders lukrativ, weil zumindest einem Partner droht, seine Identität zu verlieren. Die Fusion ist aber keine Kooperation im engeren Sinne mehr, weswegen auf die spezifischen Besonderheiten im Detail nicht weiter eingegangen werden soll.

8.2.2 Besondere Formen der Kooperation

Die beiden folgenden Ausprägungsformen von Kooperation sind separat ausgewiesen, weil ihre Ausgestaltung in der Praxis höchst unterschiedlich ausfällt. Die jeweiligen Oberbegriffe finden damit eine noch breitere Anwendung als die bisher genannten. Es darf nicht vergessen werden, dass das Selbstverständnis eines Unternehmens maßgeblich dafür verantwortlich ist, als Partner welcher Art von Kooperation es sich selbst einstuft. Dabei spielt es keine Rolle, ob ein Unternehmen im Heimatmarkt des anderen Unternehmens tätig werden will, beide im selben Markt tätig sind, oder gemeinsam ein neuer Markt erschlossen wird.

---

[209] Vgl. *Simon, Hermann:* „Hidden Champions des 21. Jahrhunderts - Die Erfolgsstrategien unbekannter Weltmarktführer“, S. 330ff.; *Haussmann, Helmut:* „Veranstaltung IM V: Grundlagen für die Internationalisierung mittlerer Weltmarktführer“; Auch wenn der Begriff „Weltmarktführer“ zunächst keine Beteiligung von KMU vermuten lässt, so gibt es den beiden Autoren folgend eine Vielzahl an Unternehmen, die den KMU zuzurechnen sind und dennoch über erhebliche Anteile an einem (meist eng abgegrenzten) Gesamtmarkt haben.

8.2.2.1 *Joint Venture*

Wie bereits in 8.2.1.5 erwähnt, ist das Abgrenzungskriterium des Joint Ventures zum Gemeinschaftsunternehmen der Zusammenschluss von Unternehmen aus verschiedenen Ländern. Dabei steht die Erreichung eines gemeinsamen Zieles im Vordergrund, der Zeithorizont ist eher als begrenzt anzusehen. Aus wettbewerbsrechtlicher Sicht ist vor allem die zwischenstaatliche Komponente von Bedeutung[210]. Hier greift allein das europäische Wettbewerbsrecht, Joint Ventures sind ausschließlich nach den Bestimmungen der Art. 81ff. EGV bzw. dem entsprechenden Sekundärrecht[211] zu behandeln. Das gilt selbstverständlich auch für ein in mehreren Mitgliedstaaten tätiges „Gemeinschaftsunternehmen". Insofern ist die Trennung der Begriffe nur linguistischer Natur, die Rechtsfolgen sind die gleichen, weswegen auf weitere Unterscheidungskriterien verzichtet werden soll.

8.2.2.2 *Strategische Allianz*

Die strategische Allianz, gelegentlich auch als Koalition bezeichnet, wird grundsätzlich als Kooperation zweier oder mehrerer selbstständig bleibender potentieller Wettbewerber in einer Branche zur Erreichung gemeinsamer strategischer Ziele verstanden[212]. Zumin-

---

[210] Bei Kooperationspartnern aus EU-Mitgliedstaaten. Auf die Zusammenarbeit in Drittländern und auf mögliche Auswirkungen exterritorialer Absprachen und abgestimmter Verhaltensweisen auf den Binnenmarkt soll aufgrund des begrenzten Rahmens dieser Arbeit nicht eingegangen werden.

[211] Verordnung (EG) Nr. 139/2004 des Rates über die Kontrolle von Unternehmenszusammenschlüssen, ABl. EG Nr. L 24 S. 1ff.

[212] Vgl. *Hungenberg, Harald:* „Strategisches Management in Unternehmen", S.524ff.; *Hammes, Wolfgang*: „Strategische Allianzen als Instrument der strategischen Unternehmensführung", S. 28ff.; *Wöhe, Günter:* „Einführung in die allgemeine Betriebswirtschaftslehre", S. 269.

dest die neuere Literatur[213] scheint Gefallen am Begriff der strategischen Allianz, der inhaltlich immer auf eine horizontale Kooperation zurückzuführen ist, gefunden zu haben. Die weitere Ausgestaltung und die damit verbundenen Vorteile sind höchst unterschiedlich und vermutlich auf das jeweilige Forschungsgebiet des entsprechenden Autors zurückzuführen[214]. Dieses sehr weitgehende Verständnis führt dazu, dass quasi jegliche Kooperation von Unternehmen, die potentiell[215] miteinander im Wettbewerb stehen und rechtlich unabhängig voneinander sind, als strategische Allianz bezeichnet werden könnte. Ein gemeinsames strategisches Ziel wird sich immer finden lassen, notfalls eben eine „Neuausrichtung" oder eine „Anpassung der Strategien an den Markt". Aus diesen Gründen soll die strategische Allianz als moderne Form einer zwischenbetrieblichen Kooperation, die sich vorwiegend an strategischen Zielen orientiert, in dieser Studie nicht unberücksichtigt bleiben. Im Grunde kann sie auch als eine Art Auffangtatbestand verstanden werden, für den Fall dass sich eine Einordnung in die klassischen Kooperationsarten als nicht trennscharf genug erweist. Jedoch ist die Bildung einer strategischen Allianz alleine noch kein Indiz für das Bestehen einer wettbewerbsrechtlich relevanten Kooperation. Aufgrund der breiten De-

---

[213] Vgl. Fn. 199 sowie *Diller, Hermann*: „Grundprinzipien des Marketing", S. 213; *Mertens, Peter; Bodendorf, Freimut*: „Programmierte Einführung in die Betriebswirtschaftslehre", S. 184ff.; *Stegmann, Renata:* „Der Erfolg von Unternehmenszusammenschlüssen", S. 29f.

[214] Diller sieht die strategischen Ziele beispielsweise im Marketing, Hungenberg in der Unternehmensleitung und Unternehmensausrichtung, Wöhe gibt nur eine allgemeine, kurze Definition, Stegmann stellt die strategische Allianz (neben dem Joint Venture) als eine Alternative zu einem Unternehmenszusammenschluss im Sinne einer Fusion heraus.

[215] Im Grunde betrifft das nahezu alle Unternehmen, da theoretisch jeder Betrieb seine Geschäftstätigkeit erweitern und mit anderen Unternehmen auf einem Markt in den Wettbewerb treten könnte.

finition muss aber grundsätzlich der jeweilige Einzelfall untersucht werden.

8.3 Bedeutendste Vorteile von Kooperationen

Aufgrund der jeweiligen individuellen Ausgestaltung von Kooperationen und der sich daraus ergebenden Vorteile kann an dieser Stelle lediglich eine Aufzählung der Wichtigsten erfolgen. Allen voran steht dabei sicher die Kostensenkung. Dieser positive Effekt wirkt sich unmittelbar in der Gewinn- und Verlustrechnung und damit auf den Erfolg der Unternehmen aus. Je nachdem, auf welchen Feldern die Unternehmen kooperieren ergeben sich unterschiedliche mögliche Vorzüge und Synergiepotentiale. Im Rahmen einer Zusammenarbeit der Fertigung können Skaleneffekte (Economies of Scale) auftreten[216]. Dabei geht man davon aus, dass bei einer größeren Produktionsmenge eine höhere Fixkostendegression erfolgt und folglich die Stückkosten sinken. Zudem ist auch die Anschaffung besserer Maschinen möglich, weil die kostengünstigste Auslastung leichter erreicht werden kann[217]. Skaleneffekte können auch auf anderen Ebenen der Zusammenarbeit auftreten, etwa im gemeinsamen Marketing. Da mit der Erstellung von Werbemitteln Fixkosten entstehen, die unabhängig von der Vervielfältigung des Werbeträgers sind, bietet es sich vor allem für KMU an, gemeinsam

---

216 Vgl. *Hungenberg, Harald:* „Strategisches Management in Unternehmen", S. 201f.; *Lickert, Stephan*: „Unternehmenszusammenschlüsse: Konsequenzen für das Humankapital", S. 14.; *Pfohl, Hans-Christian:* „Betriebswirtschaftslehre der Mittel- und Kleinbetriebe", S. 446.; *Müller, Markus J.:* „Kooperation von Jungunternehmen als Instrument des Risiko-Managements in Venture - Capital - Gesellschaften", S. 71ff.

217 Dabei gilt die Annahme, dass „bessere" Maschinen teurer sind, eine höhere Ausbringungsmenge haben und somit eine höhere Stückzahl zur kostengünstigsten Produktion erreicht werden muss.

zu werben und damit deutlich geringere Gesamtkosten zu erzielen als bei eigenständiger Werbung im selben Umfang[218].

Falls Unternehmen aus verschiedenen Regionen (regionale Verbundeffekte) oder mit einem unterschiedlichen Produktportfolio (produktorientierte Verbundeffekte) kooperieren, können Verbundeffekte (Economies of Scope) erzielt werden, da die Unternehmen einen Kostenvorteil gegenüber ihren spezialisierten Konkurrenten erlangen[219]. Verbundeffekte treten normalerweise innerhalb großer Unternehmen auf[220], durch eine Kooperation können sie aber auch von kleinen Betrieben erreicht werden. So etwa bei gemeinsamer Distribution auf einem (regionalen) Markt, wodurch Kosten[221], welche andernfalls für jedes Unternehmen anfallen würden, geteilt werden. Hauptsächlich treten Verbundeffekte in den Bereichen Vertrieb, Marketing und Forschung und Entwicklung auf. Gerade die Zusammenarbeit in F&E bringt noch weitere Pluspunkte für die Partner mit sich. So ist die Zusammenarbeit in der Regel mit einem regen Informationsaustausch verbunden, was einen breiten Wissenstransfer ermöglicht. Gemeinsame Grundlagenforschung etwa kann somit erheblich kostengünstiger betrieben werden, die anschließende wirtschaftliche Verwendung der Erkenntnisse kann dann wieder in jedem Unternehmen unabhängig vom anderen erfolgen. Natürlich geht mit der Zusammenarbeit in der Forschung

---

[218] *Diller, Hermann*: „Grundprinzipien des Marketing", S. 212ff.

[219] Vgl. *Hungenberg, Harald:* „Strategisches Management in Unternehmen", S. 203f., *Lickert, Stephan*: „Unternehmenszusammenschlüsse: Konsequenzen für das Humankapital", S.14f.; *Pfohl, Hans-Christian:* „Betriebswirtschaftslehre der Mittel- und Kleinbetriebe", S. 446.

[220] *Hungenberg, Harald:* „Strategisches Management in Unternehmen", S. 203f.

[221] Beispielsweise für den Unterhalt eines Vertriebsbüros, einer Niederlassung, Lagerräume etc.

auch ein gewisser Grad an Risikoreduktion[222] in Bezug auf ein mögliches Scheitern einher. Da zudem die Forschungseinrichtungen effizienter genutzt werden können, darf auch von einer erhöhten Produktqualität ausgegangen werden, falls die Unternehmen in einer Branche tätig sind, in der sich aus der Qualität ein Wettbewerbsvorteil ergibt. Auch können kooperierende Unternehmen oft flexibler[223] auf Änderungen der Marktgegebenheiten reagieren, als eigenständig agierende. Auftretende Probleme können im Verbund gelöst und es kann auf eine breitere Wissens- und Erfahrungsbasis zurückgegriffen werden.

Die Erreichung von Marktmacht mittels einer Kooperation stellt für Unternehmen grundsätzlich ebenfalls einen Vorteil dar, weil der Wettbewerbsdruck damit eingeschränkt wird. Aus wettbewerbsrechtlicher Sicht ist dies aber ein zweifelhafter Mehrwert und nur unter solchen Umständen zu begrüßen, als dass durch die Kooperation tatsächlich mehr Wettbewerb entsteht. So kann, wie bereits in 8.2.1.1 erwähnt, mithilfe einer Kooperation unter Umständen überhaupt erst die Möglichkeit zur Durchführung eines Auftrags geschaffen werden.

Diese Möglichkeit fällt damit unter Markterschließung im weiteren Sinne. Der Zugang zu Märkten und Ressourcen, sowohl materieller als auch immaterieller Art, bietet weitere Chancen für Unternehmen, sich durch eine Kooperation besser zu stellen.

Diese Liste ließe sich beliebig erweitern, soll aber aus Gründen der Übersichtlichkeit auf die Kernelemente beschränkt bleiben. Insbe-

---

[222] *Müller, Markus J.*: „Kooperation von Jungunternehmen als Instrument des Risiko-Managements in Venture - Capital - Gesellschaften", S. 71.

[223] Vgl. *Hungenberg, Harald:* „Strategisches Management in Unternehmen", S. 527; *Pfohl, Hans-Christian:* „Betriebswirtschaftslehre der Mittel- und Kleinbetriebe", S. 447.

sondere auch deshalb, weil sich die meisten Vorzüge im Endergebnis doch wieder auf eine Kosteneinsparung reduzieren lassen.

8.4 Grundsätzliche rechtliche Einordnung

Bei der rechtlichen Einordnung von Kooperationsarten gilt der Grundsatz, je einschneidender die Zusammenarbeit in den freien Wettbewerb ist und je stärker die Auswirkungen negative Folgen erwarten lassen, desto höher ist die Wahrscheinlichkeit eines Verbotes. Speziell für eine Fusion gelten Sondervorschriften[224], die sehr detailiert regeln, wann eine Verschmelzung von Unternehmen noch vertretbar ist und wann nicht mehr. Die in 8.1 und 8.2 aufgeführten Kooperationsformen sind alle unter bestimmten Voraussetzungen rechtlich zulässig, können aber im Einzelfall untersagt werden. An dieser Stelle sei noch einmal betont, dass für die Anwendung des Wettbewerbsrechts allein der Sachverhalt entscheidend ist, nicht die (möglicherweise falsch erfolgte) Selbsteinstufung in irgendeine Kategorie von Unternehmenskooperationen. Welche speziellen Ausnahmen das Wettbewerbsrecht für KMU vorsieht, wurde bereits in 6. erläutert.

[224] Vgl 8.1 und 8.2.1.7.

V. Praxisbeispiele und Anwendungsfälle

Nachdem nun sowohl die Möglichkeiten als auch die wettbewerbsrechtlichen Rahmenbedingungen und Grenzen der Zusammenarbeit von KMU allgemein erläutert wurden, widmet sich dieser Teil der Studie einzelnen praktischen Anwendungsfällen. Dabei wird sinnvollerweise danach unterschieden, ob eine Kooperation bereits von den Kartellbehörden untersucht worden ist oder bislang noch nicht. Da die Fülle der bereits verhandelten Sachverhalte schier unendlich groß ist, beschränkt sich die Betrachtung auf herausragende Beispiele, die einmal aufgrund ihrer Tragweite und einmal aufgrund des aktuellen Anlasses und öffentlichen Interesses besonders hervorstechen. Aus denjenigen Kooperationen, welche noch keiner eingehenden Untersuchung des Kartellamtes oder der Europäischen Kommission unterzogen wurden, sind exemplarisch zwei Fälle herausgegriffen, die sich für KMU bewährt haben, also scheinbar besonders eignen.

9. Bereits von den Kartellbehörden behandelt

Nur in seltenen Fällen spielen Kooperationen von KMU eine derart bedeutende Rolle, dass europäisches Wettbewerbsrecht Anwendung findet. Meist ist der Mangel an zwischenstaatlichem Bezug[225] und bzw. oder das Nichtüberschreiten der Bagatellgrenze[226] verantwortlich, dass die Fälle von nationalen Kartellbehörden behan-

[225] Vgl. 6.2.
[226] Vgl. 6.3.

delt werden. Das Hintermauerziegelkartell nimmt dabei eine besondere Rolle ein, weil das Bundeskartellamt in seinem Beschluss erstmalig und richtungsweisend[227] eindeutig Stellung zur (damals) neuen Rechtslage und zur Anwendung des europäischen Rechts genommen hat. Eine weitere Kooperation von KMU findet sich beim zweiten behandelten Beispiel, dem Bundesverband Deutscher Milchviehhalter. Hier wurde durch das Bundeskartellamt vor allem aufgezeigt, dass die eigentlich erwünschte und wettbewerbsrechtlich normalerweise unbedenkliche Zusammenarbeit von KMU auch Grenzen hat und eine Beeinträchtigung des freien Wettbewerbs den Schutzgedanken für KMU überwiegen kann. Sowohl die sehr hohe Anzahl an beteiligten Betrieben als auch das breite öffentliche Interesse waren für die Entscheidung wohl maßgeblich verantwortlich.

9.1 Hintermauerziegelkartell

9.1.1 Hintergrundinformation und Sachverhalt

Im Jahre 2005 haben sechs Hersteller von Hintermauerziegeln[228] ein Mittelstandskartell[229] gegründet. Mit dem Kartell verbundenes Ziel war eine Rationalisierung, insbesondere realisiert durch gemeinsamen Rohstoffeinkauf, gemeinsame Forschung und Entwicklung sowie koordiniertes Marketing. Alle Hersteller erfüllen jeweils die Kriterien eines KMU[230] und sind auf einem regional begrenzten Markt tätig. Unternehmensvertreter koordinieren auf einer Vertriebsleiterkonferenz die Konditionen des Verkaufs, welche für alle betei-

[227] *Bundeskartellamt*, Beschluss B1 - 248/04, S. 3.
[228] Diese zählen, ebenso wie Porenbetonsteine, Kalksandsteine, Bims- und Betonsteine, zum Markt für Mauerwerkstoffe für das aufgehende Hintermauerwerk.
[229] Vgl. 6.6.
[230] Vgl. 2.

ligten Unternehmen bindend sind. Langfristig war die Gründung eines Gemeinschaftsunternehmens angedacht. Da sich der gemeinsame Marktanteil auf etwa 10 % belief und sich die Unternehmen gegen mögliche Sanktionen der Kartellbehörden absichern wollten, wurde ein Antrag auf Prüfung nach § 3 II GWB[231] i.V.m. § 32c GWB gestellt[232].

9.1.2 Rechtliche Einordnung

Das Hintermauerziegelkartell hat besondere praktische Relevanz, weil das Bundeskartellamt die Anwendung europäischen Rechts abgelehnt hat, obwohl ein erheblicher Anteil des Umsatzes[233] im europäischen Ausland erzielt wird. Da es kein europäisches Pendant zum Mittelstandskartell gibt, sah sich die Behörde verpflichtet, einen Präzedenzfall für weitere Mittelstandskartelle zu schaffen[234]. Eine Beeinträchtigung des zwischenstaatlichen Handels durch das Kartell wird zwar anerkannt, aber als nicht spürbar eingestuft, was die Anwendung deutschen Wettbewerbsrechts zur Folge hat. In seiner Spürbarkeitsprüfung hat das Bundeskartellamt eine Einzelfallprüfung vorgenommen, weil sowohl eine Positiv- als auch eine Negativvermutung der Spürbarkeit ex-ante nicht gegriffen haben[235]. Im Ergebnis wird festgestellt, dass das Mittelstandskartell auf einem regional begrenzten Markt auftritt und dort nicht in der Lage ist, eine

---

[231] Diese Regelung ist am 30. Juni 2009 außer Kraft getreten.
[232] Zahlen und Information vgl. *Bundeskartellamt*, Beschluss B1 - 248/04.
[233] Insgesamt 22 %, was einem monetären Anteil von 11 Mio. Euro entspricht.
[234] *Bundeskartellamt*, Beschluss B1 - 248/04, S. 4.
[235] Genaue Zahlen und ausführliche Begründung des Bundeskartellamtes vgl. ebd. S. 6.

Marktabschottung zu bewirken. Die Marktstellung des Kartells im Ausland wird sogar als „völlig unbedeutend[236]" eingeschätzt.
Somit wurde die Grundlage für weitere Kooperationen von KMU geschaffen, sich auf § 3 GWB, also das Mittelstandskartell, zu berufen. Der Beschluss hat erheblich dazu beigetragen, die Selbsteinschätzung durch die Unternehmen etwas zu vereinfachen.

9.2 Bundesverband Deutscher Milchviehhalter e.V.

9.2.1 Hintergrundinformationen und Sachverhalt

Der Bundesverband Deutscher Milchviehhalter (BDM) versteht sich als einziger überparteilicher und von Politik und Wirtschaft unabhängiger Interessenverband für aktive Milchviehhalter[237] in Deutschland und setzt sich vorwiegend für die Durchsetzung eines „fairen" Milchpreises für seine Mitglieder ein. Als eingetragener Verein tritt der Verband nach außen hin einheitlich auf und bekennt sich dazu, die Kräfte seiner Mitglieder zu vereinen. Dabei sind etwa 30.000 Mitglieder angeschlossen, die ca. 45 % der bundesweiten Liefermenge an Rohmilch repräsentieren[238]. In seinem Tätigkeitsbericht werden unter anderem die „Milchpreisinitiativen" der Jahre 2004 und 2005 als Erfolg vermeldet. Dabei standen Informationsveranstaltungen und die Formulierung konkreter Vorschläge zur Verbesserung der Situation im Vordergrund dieser Initiativen. Inwieweit wirklich von einem Erfolg ausgegangen werden kann ist allerdings fraglich, da die Milchpreisinitiative nicht nur weiter ausgebaut, sondern in eine „Milchpreisoffensive" umbenannt wurde. Hierbei sei ange-

---

[236] *Bundeskartellamt*, Beschluss B1 - 248/04, S. 8.
[237] Vgl. http://www.bdm-verband.org/index.php?pid=14 vom 10. Juli 2009.
[238] Bundeskartellamt, 2. Beschlussabteilung, B2 - 100/08, S. 2.

merkt, dass das Bundeskartellamt in seinem Bericht zum Beschluss in dem Verwaltungsverfahren gegen den BDM[239] fälschlicherweise bereits in den Jahren 2004 und 2005 von einer „Milchpreis*offensive*" spricht. Die im Beschluss zitierte Quelle weist aber, zumindest zum heutigen Tage, eindeutig lediglich „Milchpreisinitiativen" in den Jahren 2004 und 2005 aus[240]. Die begriffliche Umgestaltung von einer bloßen Initiative in eine Offensive hatte offensichtlich nicht nur symbolische Wirkung sondern wurde tatsächlich als „aggressiver" bzw. „angreifender" verstanden. So erregte der BDM 2008 im Rahmen der „Milchpreis*offensive* 2008" mit einem Aufruf an die angeschlossenen Mitglieder, keine Milch mehr an die abnehmenden Molkereien zu liefern, besondere öffentliche Aufmerksamkeit. Als Grund dafür wurde die konsequente Weigerung der Molkereien, höhere Preise für die gelieferte Milch zu bezahlen, genannt. Die im Verband zusammengeschlossenen Bauern sahen sich in ihrer Existenz bedroht[241].

9.2.2 Beurteilung des Verbandes als Unternehmenskooperation

Grundsätzlich ist der Zusammenschluss mehrerer kleiner Unternehmen[242] in einem Verband, um die eigenen Interessen zu wahren

---

[239] Bundeskartellamt, 2. Beschlussabteilung, B2 - 100/08, S. 2.
[240] Vgl. http://www.bdm-verband.org/index.php?pid=15 vom 12. Juli 2009.
[241] Vgl. u.a. Pressemeldungen wie http://www.welt.de/wirtschaft/article2065607/ Kartellwaechter_ermitteln_gegen_Milchbauern.html; http://www.tagesspiegel.de/wirtschaft/Milch%3Bart271, 2542900; und letztendlich http://www.bundes kartellamt.de/wDeutsch/download/pdf/Kartell/ Kartell08/B2-100-08.pdf jeweils zuletzt abgerufen am 16.06.2009.
[242] Die Milchbauern sind als selbstständige Landwirte und Milchproduzenten Unternehmer im Sinne des funktionalen Unternehmensbegriffs, dabei erfüllen sämtliche Mitglieder die Kriterien der KMU. Allein die Tatsache, dass ein Verfahren nach deutschem und nicht nach europäischem Wettbewerbsrecht eingeleitet wurde legt nahe, dass es sich hier um keine Kooperation von Großunternehmen handeln kann.

und zu repräsentieren, ein sinnvoller Ansatz. Der stark polypolistischen Anbieterstruktur auf der Seite der Milchproduzenten steht eine oligopolistische Nachfragerseite der abnehmenden Molkereien gegenüber. Der BDM kann als Interessengemeinschaft im Sinne von 8.2.1.2 verstanden werden, die Außengesellschaft ist im konkreten Fall ein eingetragener Verein, die Mitglieder bleiben rechtlich selbstständig. Bei ihrer gemeinsamen Interessenverfolgung tauschen die Milchbauern notwendige Informationen über ihre Betriebe und die Abnehmerstruktur aus und steuern damit ihren Absatz. Die ihnen gegenüberstehenden Molkereien sind zum Großteil auch als KMU einzuordnen, jedoch, verglichen mit den Landwirtschaftsunternehmen, bedeutend größer. Allerdings sind der Zusammenarbeit der Verbandsmitglieder Grenzen gesetzt, sie darf nicht wettbewerbswidrig sein. So darf die Kooperation beispielsweise nicht so weit gehen, dass die andere Marktseite durch bzw. aufgrund des Zusammenschlusses massiv behindert oder geschädigt wird.

9.2.3 Wettbewerbsrechtliche Einordnung und Rechtsfolge

Der Lieferstopp könnte ein solches wettbewerbswidriges Verhalten darstellen. Nach Auffassung der Kartellbehörden stand im konkreten Fall ein rechts- und damit wettbewerbswidriger verbotener Boykottaufruf im Sinne des § 21 I GWB[243] zur Debatte. Danach dürfen „Unternehmen und Vereinigungen von Unternehmen nicht ein anderes Unternehmen oder Vereinigungen von Unternehmen in der Absicht, bestimmte Unternehmen unbillig zu beeinträchtigen, zu Liefersperren oder Bezugssperren auffordern“. Kernfrage ist, ob der Aufruf zum Lieferstopp schon die Absicht einer unbilligen Beein-

---

[243] Vgl. Bundeskartellamt, 2. Beschlussabteilung, B2 - 100/08.

trächtigung aufweist. Grundsätzlich ist der Erzwingung bestimmter Abnahmepreise durch Androhung oder Durchführung einer organisierten Liefersperre eine Absicht zu unterstellen. Inwieweit darin eine unbillige Beeinträchtigung zu sehen ist, liegt im Ermessen der Kartellbehörden. Dabei verfolgt das Bundeskartellamt eine klare Linie, indem es insbesondere in Verbänden organisierte Unternehmen als „Vereinigungen von Unternehmen ansieht[244]" und die Machtausübung durch Boykottmaßnahmen streng beurteilt[245]. Inwieweit der bis zum Boykottaufruf durchschnittlich bezahlte Preis für Milch hinreichend hoch ist, vermag allein der Markt zu beantworten. Zwar muss den Besonderheiten dieses speziellen Marktes Rechnung getragen werden[246], allerdings scheint auf lange Sicht das Angebot an Milch weit über der durchschnittlichen Nachfrage zu liegen, andernfalls würde bzw. hätte sich automatisch schon lange ein höherer Preis ergeben. Die subjektive Einschätzung der Produzenten, der Milchpreis sei „nicht fair"[247], kann keinesfalls eine Rechtfertigung für den Aufruf zum Lieferstopp sein. Würde man ein solches Verhalten tolerieren, wäre der Erzwingung bestimmter Bedingungen und Preise in allen Wirtschaftsbereichen, gerechtfertigt oder nicht, kein Einhalt mehr geboten. Während des Verfahrens des Bundeskartellamtes hat der BDM versucht, den Vorwurf des Boykottaufrufs dahingehend zu entkräften, als dass das Fehlen der Bestimmtheit

---

[244] *Emmerich, Volker:* „Kartellrecht", §3, Rn. 34.

[245] Vgl. dazu etwa den Beschluss gegen deutsche Apothekerverbände wegen Aufrufs zum Boykott eines Pharmagroßhändlers, http://www.bundeskartell amt.de/wDeutsch/download/pdf/Presse/PM_Boykott_Gehe.pdf vom 12. Juli 2009.

[246] hierbei sei insbesondere an Milchquoten gedacht.

[247] Die Milchbauern gehen von einem Basismilchpreis von 0,40 € je Liter zur Deckung der Vollkosten aus, dazu vertiefend http://www.bdm-verband.org/index.php?pid=3&PHPSESSID =0d2ba5ff1161ff942dbae12122b80157 vom 12. Juli 2009.

der zu boykottierenden Unternehmen herausgestellt wurde[248]. Da aber aufgrund der marktüblichen Gegebenheiten jeder Milchbauer regelmäßig dieselbe Molkerei beliefert, war allen betroffenen Verbandsmitgliedern bewusst, welche Molkerei sie boykottieren sollen. Die Bestimmtheit ist also auch implizit gegeben. Dieser Argumentation folgend hat das Bundeskartellamt mit Abschluss des Verfahrens die Absicht der unbilligen Beeinträchtigung der Molkereien durch den BDM bejaht und einen Verstoß gegen § 21 GWB festgestellt. Das Verhalten der Mitglieder des BDM, dem Lieferstopp nachzukommen, war wettbewerbswidrig und damit verboten.

10. Weitere Beispiele ohne kartellbehördliche Behandlung

Die soeben erläuterten Kooperationen von KMU wurden bereits hinreichend von den Wettbewerbsbehörden untersucht und die beteiligten Unternehmen haben zumindest Gewissheit hinsichtlich der wettbewerbsrechtlichen Einstufung. Aufgrund des Systems der Legalausnahme[249] existiert aber eine Vielzahl von Unternehmenskooperationen, die noch keiner Prüfung durch die Wettbewerbsbehörden unterzogen wurden und deren Existenz möglicherweise noch nicht einmal bekannt ist, weil nach außen hin Stillschweigen vereinbart ist.

---

[248] Bundeskartellamt, 2. Beschlussabteilung, B2 - 100/08, S. 13f.
[249] Vgl. vor allem 6.8.

Zunehmender Beliebtheit erfreut sich das Gemeinschaftsmarketing in regionalen Clustern, sowohl für ganze Regionen[250] als auch in kleinen Orten und Gemeinden[251]. Bei letzterem tritt das Phänomen auf, dass sich zwar die Unternehmer eines Ortes zusammenschließen um zu werben, diese Kooperation aber für einzelne Betroffene nicht zwingend die beste Option ist. Anhand des Beispiels von Blumenläden bzw. Floristen soll dieser Frage nachgegangen werden. Letztes Praxisbeispiel beschäftigt sich mit dem koordinierten Vertrieb von Frankenwein mittels einer Genossenschaft.

10.1 Werbegemeinschaften in Kommunen

Unter einer Werbegemeinschaft versteht man den Zusammenschluss mehrerer Unternehmen, mit dem Ziel, die Synergieeffekte koordinierten Marketings zu nutzen[252]. Durch die Gründung von Gewerbeverbänden und Werbegemeinschaften bietet sich die Chance, das eigene Unternehmen, zusammen mit den anderen Unternehmen des selben Ortes, der Öffentlichkeit zu präsentieren und für die verschiedenen Einkaufsmöglichkeiten in einem Ort zu werben. Meist ist die einzige Gemeinsamkeit der beteiligten Betriebe der gemeinsame Standort. Bei näherer Betrachtung fällt auf, dass sich viele Unternehmen oft unreflektiert einer solchen Werbegemeinschaft anschließen, ohne Alternativen in Erwägung zu ziehen. Dieses strategische Defizit soll anhand des Beispiels von Blumen-

---

[250] Vgl. die Konzepte der „Metropolregion" in Städten wie beispielsweise Nürnberg (http://www.em-n.eu/), Stuttgart (http://www.region-stuttgart.org/) oder unter Beteiligung mehrerer Städte (http://www.metropolregion.de/).

[251] Meist eine Sammlung der ortsansässigen Gewerbetreibenden, unterstützt durch die jeweilige Gemeinde. Vgl. exemplarisch http://www.werbegemeinschaft-traunstein.de/, http://www.werbegemeinschaft-nordwalde.de/, http://www.werbegemeinschaft-lengfeld.de/, http://www.gewerbeverband-puschendorf.de/, http://www.gewerbeverband-grosshabersdorf.de/.

[252] Vgl. auch 6.6. und 8.2.1.2.

händlern ausgeführt werden, weil es sehr gute potentielle Lösungsansätze in Form der in dieser Studie angeführten Kooperationsmöglichkeiten gibt. Wie in 3. ausgeführt, handelt es sich bei der überwiegenden Mehrheit der KMU um kleine Betriebe mit sehr wenigen oder gar keinen abhängig beschäftigten Mitarbeitern, erst Recht nicht im strategischen Bereich. Die Bewältigung des operativen Tagesgeschäfts hat oberste Priorität, die Strategie wird oft aus der Vergangenheit abgeleitet.

10.1.1 Ausgangssituation für Blumenhändler und Floristen

Besonders für die Anbieter von frischen Schnittblumen hat sich in den letzten Jahren ein strategischer Wandel vollzogen, der viele kleine Unternehmer ganz erheblich betrifft. Während das Internet vor etwa fünfzehn bis zwanzig Jahren Wissenschaftlern und technikaffinen Menschen vorbehalten war, nutzen heute knapp 70 % der Bevölkerung ab zehn Jahren dieses neue Medium[253], zunehmend auch kommerziell. Vor allem Anlässe wie Muttertag oder Valentinstag, zu denen traditionell Blumen geschenkt werden, boten den lokalen Floristen bisher eine lukrative Einnahmequelle zusätzlich zum normalen Tagesgeschäft. Mittlerweile gibt es jedoch ein äußerst breites Angebot an Online-Blumenversendern[254], was eine starke Konkurrenz für die eingesessenen Betriebe, insbesondere zu für den Verbraucher disponierbaren Terminen wie etwa Valentins- oder

---

253 Vgl. http://www.destatis.de/jetspeed/portal/cms/Sites/destatis/Internet/DE/Presse/pm/2007/ 11/PD07__486__63931, templateId=renderPrint.psml.

254 Eine Google-Suche nach dem Stichwort „Blumen“ liefert beispielsweise mehr als zehn kommerzielle Anbieter von Schnittblumen, die bundesweit Blumen zu einem Wunschtermin versenden.

Muttertag, darstellt. Die Preise sind transparent, ohne großen Aufwand direkt miteinander vergleichbar und das Sortiment wird von Sonderangeboten und Komplementärprodukten abgerundet. Weitere Konkurrenz hat sich mit dem Ausbau von Gartenabteilungen in Haus- und Heimwerkermärkten entwickelt[255]. Während früher die Hauptwettbewerber die Blumenhändler aus der umliegenden Region[256] waren, sind es heute Unternehmen die bundesweit, in sehr guter Qualität, Blumen über das Internet vertreiben oder in zu einer Kette gehörenden Geschäften anbieten. Diese Konkurrenz bedroht lokal ansässige Floristen in ihrer Existenz.

10.1.2 Möglichkeiten der Kooperation von Blumenhändlern

Um dieser Entwicklung entgegen zu treten, müssen die bedrohten Unternehmen die neue strategische Herausforderung erkennen und sich entsprechend ausrichten. Anstelle des bloßen Anschlusses an einen örtlichen Werbeverbund ist eine sinnvolle Möglichkeit die Kooperation mit den ehemals einzigen Mitbewerbern. Das Beispiel der Blumenhändler eignet sich wie gesagt besonders gut, weil verschiedene Kooperationsmöglichkeiten aufzeigt werden können, mit deren Realisierung sich die wirtschaftliche Lage tatsächlich verbessern lässt. Eine strukturelle Betrachtung der Region westlich von Nürnberg ergibt, dass sich in den meisten Orten einer Größe von weniger als 3000 Einwohnern genau ein Blumenladen findet. In Ballungsräumen steigt die Anzahl der Geschäfte pro Gemeinde an. Die

[255] Siehe Fn. 47.

[256] Angebote aus Tankstellen oder Supermärkten werden nicht berücksichtigt, da diese über keine entsprechende Auswahl sowie die Möglichkeit der individuellen Zusammenstellungen verfügen. Dort überwiegt der Preis als Differenzierungsparameter.

Übersichtskarte in Abbildung 5 kennzeichnet Unternehmen, die unter einem Brancheneintrag mit den Stichwörtern „Blumenladen" oder „Floristen" verzeichnet sind mit einem Punkt. Gärtnereien, die frische Blumen nur als Sortimentsergänzung in kleinem Umfang führen wurden in der Darstellung ebenso wenig berücksichtigt, wie Supermärkte, Tankstellen und Gartencenter-Ketten. Würden sich einige dieser kleinen Geschäfte zusammenschließen und ihre Geschäfte koordinieren, könnten sie sich besser stellen.

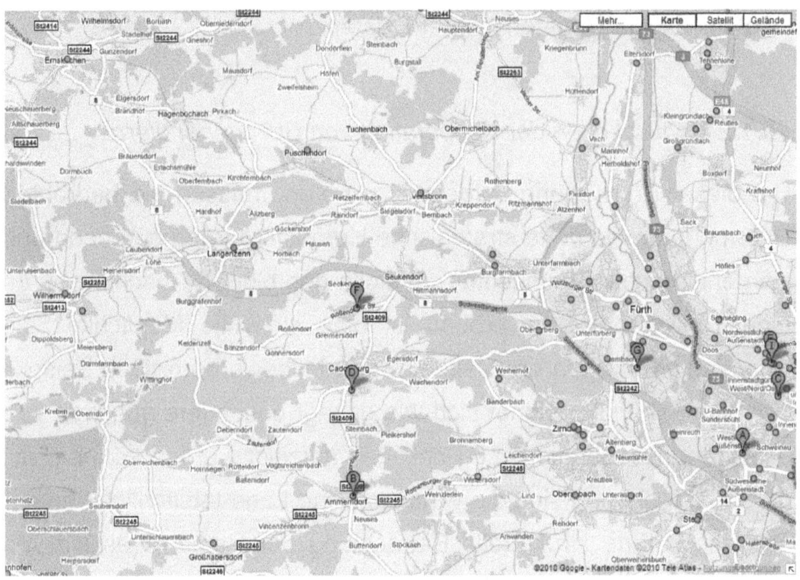

[Abb. 7: Blumenläden und Floristen im Großraum westlich von Nürnberg[257]]

Diese Kooperation kann sehr vielschichtig erfolgen. Sofern nicht schon geschehen, können sich diverse Floristen zu Einkaufsge-

257 http://maps.google.de/ ©2010 Google - Kartendaten ©2010 Tele Atlas, Verwendung im Einklang mit den „Permission Guidelines for Google Maps" im Rahmen einer akademischen Publikation (Academic use / Fair use). Vielen Dank an Google.

meinschaften zusammenschließen und so bessere Konditionen bei der Beschaffung erhalten.
Eine Freistellung vom Kartellverbot erfolgt, wenn die in 6.6.2 genannten Bedingungen erfüllt sind. Der aus dem gemeinsamen Einkauf entstehende Vorteil kann auch an den Verbraucher weitergegeben und im Rahmen von koordinierten Sonderaktionen beworben werden.
Aus diesen Sonderaktionen ergibt sich bereits die nächste Möglichkeit der Kooperation, nämlich durch gemeinsames Marketing. Die Beauftragung professioneller Werbeagenturen mit der Erstellung von Werbemitteln und einem Internetauftritt schafft Aufmerksamkeit bei der Suche nach Blumenanbietern. Es besteht eine wesentlich bessere Chance, den Verbraucher für das eigene Angebot zu interessieren. Eine detailierte Analyse der in Frage kommenden Betriebe kann im Rahmen dieser Studie nicht erfolgen. Allgemein kann aber festgestellt werden, dass es die Unternehmen schaffen müssen, ihr Angebot auf die neuen Bedürfnisse der Kunden auszurichten.
Selbstverständlich kann die Kooperation auch Grenzen finden, falls der Wettbewerb verfälscht werden sollte. Das kann beispielsweise durch ein Preiskartell oder eine Marktabschottung geschehen. Für Verbraucher, die generell keine Blumen aus dem Internet bestellen (können), hätte dies erhebliche Nachteile. Allerdings ist die Wahrscheinlichkeit eines solchen Verhaltens allein durch die Präsenz von mehreren Gartenmärkten in jeder Region äußerst gering. Ein unbilliges Anheben der Verkaufspreise würde zu einem Abwandern der Kunden hin zu besagten Garten- oder Heimwerkermärkten führen, was dem eigentlichen Ziel ja gerade entgegenliefe. Umgekehrt würden niedrigere Preise oder Differenzierung durch besseren Ser-

vice oder Qualität seitens der kleinen Geschäfte die großen Unternehmen auf Dauer zwingen, gleich zu ziehen. Durch eine Kooperation von Blumenläden und Floristen in einer Region kann also der Wettbewerb gefördert werden, denn wenn die kleinen Geschäfte ihren Betrieb einstellen würden, gewinnt diesen frei werdenden Marktanteil ein größeres Unternehmen und der Wettbewerb würde sogar verringert.

10.2 Die Winzergemeinschaft Franken eG (GWF)

10.2.1 Anmerkung zur Rechtsform der Genossenschaft

Die Rechtsform der Genossenschaft ist in Deutschland bereits seit Ende des 19. Jahrhunderts eine beliebte Möglichkeit, wirtschaftliche Interessen vieler kleiner Betriebe zu bündeln[258] und nach außen hin gemeinsam aufzutreten. Die Vereinigung von Kräften in einem Zusammenschluss, um gemeinsam auf dem Markt aufzutreten, eröffnet vielen Mitgliedern weitaus größere Möglichkeiten, als ihnen dies alleine möglich wäre. Auf besondere Feinheiten des Genossenschaftsrechts als Abgrenzung zu anderen Kooperationsformen kann im Rahmen dieser Studie nicht eingegangen werden. Das ist aber insbesondere aufgrund der Tatsache, dass die Wettbewerbsbehörden den Begriff des Unternehmens sehr weit auslegen[259] und damit den Maßstab für wettbewerbsrechtliche Verstöße genau wie für typische Unternehmen ansetzen, unproblematisch. Es reicht daher

---

[258] Seit Oktober 2006 reichen sogar drei anstatt sieben Mitglieder zur Gründung aus (vgl. § 4 GenG), somit wurde die Gründung kleinerer Genossenschaften weiter vereinfacht, aber auch mehrere hundert Mitglieder sind denkbar, vgl. die DATEV eG, die GWF eG oder größere Wohnungsbaugenossenschaften.

[259] Es können sogar öffentliche Einrichtungen als Unternehmen bzw. Unternehmensvereinigung gelten, wenn bestimmte Voraussetzungen erfüllt sind;
Vgl. 1.

aus, die GWF als eine Interessengemeinschaft im Sinne von 8.2.1.2 anzusehen. Es wurde lediglich eine andere Rechtsform als die dort erwähnte Gesellschaft bürgerlichen Rechts (GbR) gewählt.

10.2.2 Hintergrundinformationen zur Winzergemeinschaft Franken eG

Die Winzergemeinschaft Franken eG ist ein Zusammenschluss unabhängiger fränkischer Winzer in einer Genossenschaft mit Sitz in Kitzingen, Unterfranken. Derzeit gehören ihr 2.600[260] Winzerbetriebe an, die 1.500ha Weinland bewirtschaften. Somit ist sie nach eigenen Angaben größter fränkischer Weinerzeuger. Gemeinsames Ziel ist es, als Repräsentant für Frankenwein dessen Erzeugung auf qualitativ hohem Niveau zu sichern und eine gemeinsame Vertriebsplattform zu bieten. Dazu gehört neben der Koordination verschiedener Produktlinien[261] auch der Vertrieb an den Groß- und Einzelhandel. Dadurch sind Frankenweine, hergestellt aus Trauben sehr vieler kleiner Betriebe, teilweise bundesweit erhältlich[262], Hauptabsatzmarkt ist der deutsche Lebensmittelhandel. Im Geschäftsjahr 2007 hat die GWF einen Umsatz von knapp 35 Millionen Euro, überwiegend mit dem Absatz von Flaschenwein, erzielt[263]. Im Durchschnitt werden 136 Mitarbeiter beschäftigt, somit ist die GWF nach den Abgrenzungskriterien des IfM als mittleres Unternehmen

---

260 Stand 13. Juli 2009, http://www.gwf-frankenwein.de/hauptseiten/winzer/winzerliste.html.

261 Trauben aus der Erzeugung verschiedener Winzer werden in großen Mengen unter bestimmten Bezeichnungen, wie etwa „Der Weinschmecker", „die jungen frank'n" oder „WeinGalerie" in den Handel gebracht. Einzelne teilnehmende Winzer wären sowohl aufgrund der zu geringen Erzeugung als auch wegen mangelnder Infrastruktur dazu eigenständig nicht in der Lage.

262 So etwa auch die Linie „die jungen frank'n", vgl. http://www.frankenwein-aktuell.de/die_jungen_franken_sind-content100.htm.

263 Jahresabschluss der GWF eG vom 31. Dezember 2007, Punkt A.I.2.

bzw. mittelgroßes Unternehmen nach der Definition der Kommission, einzustufen.
Die meisten Weine werden in den Betriebsstätten der GWF abgefüllt und von dort aus gemeinsam vermarktet, dazu nötige Investitionen werden von der Genossenschaft getätigt und betrugen 2007 9,4 Millionen Euro. Der im Jahr 2007 ausgewiesene Bilanzgewinn von 43 Tsd. Euro, welcher komplett in die gesetzliche Rücklage eingestellt wurde, verdeutlicht, dass die Genossenschaft primär kostendeckend arbeitet und Überschüsse an die Mitglieder zurückführt[264]. Koordinierte Forschung und Entwicklung, insbesondere hinsichtlich Vermarktungsstrategien, stellen dabei sicher, den Umsatz in den Folgejahren weiter zu steigern und die Position der GWF zu festigen.

10.2.3 Beurteilung der GWF als Unternehmenskooperation

Setzt man den Gesamtumsatz der GWF in Relation zu den Mitgliedern, so entfallen im Durchschnitt etwa 13.500 Euro Umsatz auf einen Winzer[265]. In Anbetracht der enormen regionalen Reichweite, die mittels einer gemeinsamen Vermarktung erzielt werden kann, erscheint die Kooperation per se als sinnvoll. Allerdings bringt die Zusammenarbeit möglicherweise auch Nachteile für die Winzer mit sich. So ist der Umsatz pro verkauftem Liter Wein verglichen mit der

[264] Jahresabschluss der GWF eG vom 31. Dezember 2007, Punkt A.II.2., Vorjahresergebnisse 17 Tsd. Euro in 2006, 7 Tsd. Euro in 2005.
[265] Gesamtumsatz dividiert durch die Anzahl der teilnehmenden Winzer, 35.000.000 / 2.600, Ergebnis gerundet.

Direktvermarktung durch die Winzer geringer[266]. Dadurch lässt sich aber noch keine Aussage über die Ertragssituation, insbesondere aufgrund auftretender Skaleneffekte, treffen. Genaue Zahlen sind für Nicht-Mitglieder der GWF allerdings nicht einsehbar. Ein weiterer Makel ist die geringere Mitwirkungsmöglichkeit der einzelnen Winzer am Endprodukt. Durch die gemeinsame Vermarktung geht ein Teil der Identität der Winzer mit ihren individuellen Weinbaufähigkeiten und damit Vielfalt verloren. Da keine offizielle Verteilung über die Betriebsgrößen erhältlich ist, kann davon ausgegangen werden, dass die 107 auf der GWF Internetseite mit Adresse aufgeführten Winzer[267] zu den größeren Betrieben gehören. Beim Großteil der Mitglieder handelt es sich aber um kleinere Betriebe, meist Nebenerwerbsweinbauern. Es ist sehr wahrscheinlich, dass sich die größeren Betriebe stärker durchsetzen können und mehr Einfluss nehmen. Das muss aber nicht zwingend ein Nachteil für die kleineren Betriebe sein. Sie können vom Fachwissen der größeren Winzerbetriebe profitieren und erreichen durch die Kooperation einen bundesweiten Kundenkreis, wenn auch nicht unter eigenem Namen. Die Bildung eines Durchschnittsumsatzes ist bei so unterschiedlich großen Genossenschaftsbetrieben etwas problematisch. Für die Betrachtung im Rahmen dieser Studie soll aber lediglich verdeutlicht werden, wie klein und damit bundesweit unbedeutend der mittlere Anteil eines einzelnen Betriebes am Gesamtmarkt ist.

---

[266] Die GWF bzw. ihr angeschlossene Winzer stellen dazu kein Zahlenmaterial zur Verfügung. Allerdings ist die Tatsache, dass GWF Weine im Handel i.d.R. günstiger sind, als vom Winzer direkt verkaufte Weine ein eindeutiger Indikator dafür, dass ein Liter an die GWF gelieferter Wein einen geringeren Umsatz für den Winzer einbringt. Das gilt erst recht dann, wenn er lediglich Trauben oder frisch gekelterten „Wein" verkauft.

[267] Vgl. http://www.gwf-frankenwein.de/hauptseiten/winzer/winzerliste.html vom 14. August 2009.

Dennoch kann eine Teilnahme am Wettbewerb auf eben diesem Gesamtmarkt, aufgrund der Kooperation, stattfinden.

10.2.4 Wettbewerbsrechtliche Einordnung

Da die GWF keine marktbeherrschende Stellung innehat, ist auch ein Missbrauch nach Art. 82 EGV auszuschließen. Wettbewerbsrechtlich relevant ist somit das Kartellrecht des Art. 81 EGV bzw. des § 1 GWB. Die Kooperation der einzelnen Winzer in Form von Vereinbarungen[268] ist grundsätzlich von den genannten Verbotstatbeständen erfasst. Allerdings ist die Genossenschaft für alle Beteiligten von Vorteil und wettbewerbsförderlich, somit also vom Kartellverbot freizustellen. Ohne die GWF hätten die kleinen Betriebe kaum eine Chance, gegen ihre Mitbewerber zu bestehen. Sie würden ihre Produktion einstellen, die freiwerdenden Anbauflächen würden zu den marktstärksten Anbietern allokiert und der Wettbewerb geschwächt. Zwar kann man argumentieren, dass die großen Betriebe dann stärker miteinander in Wettbewerb treten müssten. Dabei darf aber nicht vergessen werden, dass das Weinanbaugebiet Franken bundesweit mit anderen Weinregionen[269] im Wettbewerb steht. Ein gemeinsamer Umsatz von lediglich 35 Millionen Euro, inklusive einer Listung bei großen Lebensmitteleinzelhändlern, wäre wohl nur für die wenigsten der verbleibenden Winzer möglich. Somit wäre ein Wegfallen der Genossenschaft mit erheblich weniger Wettbewerb, im schlimmsten Fall mit dem Entstehen eines Quasi-Monopolisten auf dem Markt für Frankenwein verbunden. Momentan nimmt aber die GWF diesen Status (bundesweit) ein,

---

268 Vgl. 6.1.

269 Teilweise sogar weltweit, betrachtet man die Anzahl an Weinen in den Regalen eines durchschnittlichen Supermarktes mit Weinsortiment.

dabei hat jedoch auch der kleinste Betrieb einen Genossenschaftsanteil und ein Stimmrecht, kann also Einfluss nehmen. Die großen Winzerbetriebe profitieren ebenfalls, weil sie zumindest für die an die GWF verkauften Produktionsmengen eine Risikostreuung in Anspruch nehmen können und zusätzlich die Möglichkeit haben, eigene Produktlinien eigenständig zu vermarkten, wenn auch meist nur regional.

Ein erwähnenswerter Aspekt ist die Substituierbarkeit im Sinne einer funktionellen Austauschbarkeit. Hier muss gerade einem Produkt wie Wein besonders Rechnung getragen werden. So können streng genommen selbst Weine gleicher Rebsorte, gleicher Region und gleichen Jahrgangs, aber aus zwei verschiedenen Lagen[270] völlig unterschiedliche Produkte sein. Für das Endprodukt Wein spielen unzählige Faktoren eine Rolle, von denen sehr viele nicht oder nur sehr bedingt vom Erzeuger beeinflusst werden können[271]. Verschiedene Weinregionen weltweit sind für ihre Eigenheiten und typischen Weine bekannt. Es stellt sich also die Frage, ob beispielsweise ein fränkischer „Dornfelder“ überhaupt mit einem französischen „Bordeaux“ im Wettbewerb stehen kann. Die Definition des relevanten Marktes, insbesondere unter Einbeziehung des Bedarfsmarktkonzepts der Kommission[272] ist aus wettbewerbsrechtlicher Sicht maßgeblich. So muss eruiert werden, ob der Verbraucher in seiner Kaufentscheidung bereits vor der eigentlichen Weinauswahl soweit gefestigt ist, sich für eine Region oder zumindest ein Herkunftsland entschieden zu haben, oder ob nur grobe Kriterien existieren. Noch deutlicher wird das anhand der Frage, ob beispielsweise ein Rot-

---

[270] Vgl. bspw. reine Südhanglage und Südwestausrichtung eines Weinbergs.

[271] Wie etwa Außentemperatur und Wetter, Sonnenstunden pro Tag, Bodenentwicklung, Reifeprozess im Fass, usw.

[272] ABl. Nr. C 372 vom 09.12.1997 S. 5f.

wein mit einem Weißwein im Wettbewerb stehen kann. Das ist zu bejahen, wenn der Verbraucher einfach nur „Wein" kaufen möchte und zu verneinen, wenn der Verbraucher beispielsweise einen kräftigen Rotwein als Tischgetränk für ein bestimmtes Gericht sucht. Die Marktabgrenzung im Detail, eben gerade aufgrund der unterschiedlichen Interpretationsmöglichkeiten[273] und Ansätze, kann im Rahmen dieser Studie allerdings nur aufgeworfen, nicht beantwortet werden.

Die GWF ist derzeit aus wettbewerbsrechtlicher Sicht als unbedenklich einzustufen, da weder Marktabschottungstendenzen noch anderes wettbewerbswidriges Verhalten zu erkennen sind.

---

[273] Genau genommen müsste für jede Sorte Wein gleicher Rebsorte, gleichen Jahrgangs, gleicher Lage und gleicher Abfüllung ein eigener Markt bestehen. Bei im Barriquefass ausgebauten Weinen hat sogar das jeweils verwendete Fass Einfluss auf den Geschmack und die Farbe des Weins.

VI. Gesamtbeurteilung

Im Laufe dieser Studie wurde vor allem klar, dass es ein enorm breites Spektrum an Kooperationsmöglichkeiten gibt, die für KMU nicht nur wettbewerbsrechtlich legal sind, sondern auch viele Vorteile mit sich bringen können. Vor allem aber die erhebliche Rechtsunsicherheit seitens der Unternehmen ist maßgeblich dafür verantwortlich, dass Zusammenarbeit oft überhaupt nicht erwogen wird. Die drohenden Strafen in Folge einer Fehleinschätzung der eigenen Kooperation schrecken sicher ab. Vor allem da am 30. Juni 2009 auch der § 3 II GWB außer Kraft trat, ist es für Unternehmen schwierig, Rechtssicherheit hinsichtlich der Beurteilung der Legalität ihrer Zusammenarbeit zu erlangen. Allerdings haben KMU mit den bestehenden Regelungen vielseitige Möglichkeiten, ihre Position im Wettbewerb gegenüber Großunternehmen zu verbessern. Auch wenn die endgültige Klärung nicht wie früher durch Antrag und Genehmigung bzw. Verweigerung erfolgte, geben die Leitentscheidungen[274] eine Orientierungshilfe, deren Risiken überschaubar sind.
Nicht immer ist ein vermeintlich wettbewerbswidriges Verhalten auch tatsächlich verboten. Wie erläutert können unter bestimmten Voraussetzungen sogar echte Kartelle von der Anwendung der entsprechenden Verbote freigestellt werden. Andererseits gibt es auf den ersten Blick unbedenkliche Verhaltensweisen, die aber in der Folge einen groben Verstoß gegen das Wettbewerbsrecht nach sich ziehen und somit verboten sind. Sowohl das europäische als auch das deutsche Wettbewerbsrecht wollen den freien Wettbewerb schützen. Solange sich Unternehmen nicht von diesem Gedanken

[274] Wie beispielsweise zum Hintermauerziegelkartell.

distanzieren und allein ihre individuellen Interessen in den Vordergrund einer Kooperation rücken, werden sie auch nicht in Konflikt mit den Kartellbehörden geraten. Sinnvoller Maßstab ist eine sorgfältige Prüfung und Abwägung der Ziele, die im Zweifel von Externen, wie etwa unabhängigen Rechtsanwälten oder Experten, vorgenommen werden muss.

VII. Schlusswort

Gerade für KMU wird das Bestehen im Wettbewerb zunehmend anspruchsvoller. Durch neue Technologien und Märkte, wie etwa dem gesamten Absatzpotential durch das Internet, wächst die Herausforderung, sich auf dem Markt zu behaupten. Während sich die Konkurrenz früher noch überschauen und vor allem klar abgrenzen ließ, sehen sich heute auch KMU einem vielschichtigen Netz von potentiellen und tatsächlichen Wettbewerbern gegenüber, das sie kaum überblicken können. Darin zu bestehen gelingt auf Dauer nur, wenn die eigenen Stärken ausgespielt und alle Chancen zur Verbesserung der eigenen Situation genutzt werden. KMU müssen sich den neuen Gegebenheiten anpassen und die Herausforderungen annehmen. Das sichert den Erfolg noch nicht, bietet ihnen aber eine gute Ausgangssituation. Eine Erfolgsgarantie hat es in der Wirtschaft noch nie gegeben, Wettbewerb ist schöpferische Zerstörung, alte Strukturen verschwinden und die Produktionsfaktoren werden neu geordnet. Die Situation ist für KMU also einerseits tatsächlich schwieriger geworden. Andererseits ergeben sich dadurch aber auch viele neue Möglichkeiten, die es zu nutzen gilt und die langfristigen Wachstum ermöglichen. Auf lange Sicht müssen unprofitable und unangepasste Unternehmen aus dem Markt ausscheiden, das ist nicht nur eine unausweichliche sondern sogar eine äußerst begrüßenswerte Entwicklung. Der Verbraucher entscheidet, welches Unternehmen auf Dauer am Markt bestehen kann und welches nicht. Das ist keine Entscheidung des Staates sondern des Marktes. Die Wettbewerbsbehörden müssen dabei aber sicherstellen, dass dieses Ausscheiden nicht durch unbilliges Verhalten von (oft erheblich größeren) Konkurrenten im Sinne eines unlauteren Verdrängungswettbewerbs erfolgt. Der Staat setzt die Rahmenbedingungen und die Unternehmen übernehmen die Ausgestaltung. Innerhalb der gesetzten Grenzen dürfen sie sich frei bewegen. Es braucht dazu also nicht mehr Staat aber auch nicht weniger. Wenn diese Voraussetzungen erfüllt sind, dann wird es auch weiterhin Menschen geben, die bereit sind, Risiko einzugehen damit etwas geschieht und Unternehmen als Arbeitspferde, die den Wagen ziehen, begreifen.

Literaturverzeichnis

Apotheke + Marketing (Zeitschrift): „Kooperationen" Ausgabe 5/2008 vom 15.05.2008, Springer Gesundheits- und Pharmazieverlag, 2008.

Bayerisches Staatsministerium für Wirtschaft, Infrastruktur, Verkehr und Technologie: „Kooperation und Wettbewerb", Ein Ratgeber für kleine und mittlere Firmen, 6. neu bearbeitete Auflage, München, 2006.

Boos, Karl-Heinz / Kleine, Juliana: „Neuerungen im europäischen Beihilferecht: Erschwernisse statt Vereinfachung", in: Zeitschrift für das gesamte Kreditwesen, Ausgabe 21 vom 1. November 2008, S. 1092.

Bundeskartellamt (Hrsg.): „Merkblatt des Bundeskartellamtes über Kooperationsmöglichkeiten für kleinere und mittlere Unternehmen", 2007, http://www.bundeskartellamt.de/wDeutsch/download/pdf/Merkblaetter/Merkblaetter_deutsch/07KMU-Merkblatt.pdf vom 15.06.2009.

Bundeskartellamt (Hrsg.): „Das Untersagungskriterium in der Fusionskontrolle – Marktbeherrschende Stellung versus Substantial Lessening of Competition", Diskussionspapier des Arbeitskreises Kartellrecht am 8. und 9. Oktober 2001.

Bundeskartellamt (Hrsg.): „Beschluss in dem Verwaltungsverfahren gegen den Bundesverband Deutscher Milchviehhalter e.V.“, 2. Beschlussabteilung, B2 - 100/08 vom 12. November 2008.

Bundeskartellamt (Hrsg.): „Beschluss in dem Verwaltungsverfahren B1 - 248/04“, 1. Beschlussabteilung, B1 - 248/04 vom 25. Oktober 2005.

Bundesministerium für Wirtschaft und Technologie (Hrsg.): „Mittelstand: Leistung durch Vielfalt“, Berlin, 2009.

Der Betrieb (Hrsg.): „Die Änderungen des Gesetzes gegen Wettbewerbsbeschränkungen durch die 7. GWB - Novelle“, Heft 26/27 vom 8. Juli 2005, S. 1436-1444.

Deutsche Verkehrszeitung (Hrsg.): „Mittelstand bleibt auf Wachstumskurs“, 19. Juli 2008.

Diller, Hermann: „Grundprinzipien des Marketing“, GIM, Nürnberg, 2002

Eilmansberger, Thomas in Streinz, Rudolf (Hrsg.): „EUV/EGV - Vertrag über die Europäische Union und Vertrag zur Gründung der Europäischen Gemeinschaft“, Beck’sche Kurz-Kommentare, Band 57, Verlag C.H. Beck, München, 2003.

Emmerich, Volker: „Kartellrecht", 11. Auflage, Verlag C.H. Beck, München, 2008.

Enchelmaier, Stefan: „Europäisches Wirtschaftsrecht", Kohlhammer, Stuttgart, 2005.

Eschenbach, Rolf.: „Strategische Konzepte", 5. überarbeitete und erweiterte Auflage, Schäffer-Poeschel, Stuttgart, 2008.

Europäische Kommission (Hrsg.): „KMU und Kooperation", Beobachtungsnetz der europäischen KMU 2003, Nr. 5.

Europäische Kommission (Hrsg.): „Die Aktivitäten der Europäischen Union im Bereich kleiner und mittlerer Unternehmen (KMU)", Bericht des KMU-Beauftragten, 2005.

Europäische Kommission (Hrsg.): „Die neue KMU - Definition; Benutzerhandbuch und Mustererklärung", Europäische Gemeinschaften, 2006.

Gerth, Ernst: „Zwischenbetriebliche Kooperation" Stuttgart, 1971.

Grabitz, Eberhard; Hilf, Meinhard; Nettesheim, Martin (Hrsg.): „Das Recht der Europäischen Union", Kommentar, Verlag C.H. Beck,München, 2009.

Graevenitz, Albrecht von: „Kartellrecht mit vielen Fallstricken; Zwei Merkblätter der Berliner Wettbewerbshüter wollen Hilfestellung bieten“, in: Lebensmittelzeitung, 27. April 2008, S. 32.

Haberstumpf, Helmut: „Wettbewerbs- und Kartellrecht, gewerblicher Rechtsschutz“, 3. völlig neu bearbeitete Auflage, Verlag C.H. Beck, München,2005.

Hammes, Wolfgang: „Strategische Allianzen als Instrument der strategischen Unternehmensführung“, Deutscher Universitäts - Verlag, Wiesbaden, 1994.

Handelsblatt (Hrsg.): „GWB / Kritik an der ‚reinen Lehre‘- Mittelstand braucht Freiheit für Kooperation. Kartellanwälte plädieren für EU - Rechtsordnung“, Nr. 180 vom 17. September 1996, S. 8.

Harzer, Klaus und Müller, Rolf: „Veränderte Arbeitsbedingungen für Mitarbeiter in kooperierenden und vernetzten Mittelstandsunternehmen vor dem Hintergrund verstärkter Kooperationsforderungen an mittelständische Zulieferfirmen im KFZ - Zulieferbereich“, Studie im Auftrag der Otto Brenner Stiftung, 2008.

Haussmann, Helmut:„Veranstaltung IM V: Grundlagen für die Internationalisierung mittlerer Weltmarktführer“, Nürnberg, 2008, Unterlagen unter http://www.im.wiso.uni-erlangen.de/IM_V.htm.

Hille, Hans-Eduard und Schraml, Claudia: „Kooperation von Dienstleistern - mit Kooperationen zum Erfolg!", IHK Darmstadt (Hrsg.), Darmstadt, 2005.

Hungenberg, Harald: „Grundlagen der Unternehmensführung", 2. Auflage, Springer Verlag, Berlin, 2006.

Hungenberg, Harald: „Strategisches Management in Unternehmen", 4. Auflage, Gabler Verlag, Wiesbaden, 2006.

Jacob, Herbert: „Unternehmenspolitik bei schwankender Konjunktur", Kurzlexikalische Erläuterungen, in: Schriften zur Unternehmensführung, hrsg. von Herbert Jacob, Band 1, Wiesbaden, 1967.

Jülicher, Antje und Hoffmann, Ulrich (Hrsg.): „Personalentwicklung im Verbund; Ein Leitfaden zur Initiierung und Gestaltung", http://www.weingarten.ihk.de/artikel/download/merkblaetter/standort politik/Proregio.pdf, 02.05.2009.

Jung, Christian in *Ruffert, Matthias; Calliess, Christian (Hrsg.):* „EUV/EGV", Verlag C.H. Beck, München, 2007.

Jungheim, Stefanie: „Die Wettbewerbsregeln des EG-Vertrags", Aufsatz, Professur für Öffentliches Recht, Europarecht und Völkerrecht ander Universität Erlangen - Nürnberg, Nürnberg, 2009.

Keller, Thomas (Hrsg.): „Die Holding im Mittelstand: Leitfaden zur Umsetzung moderner Managementsysteme“, Wirtschaftsverlag Bachem, Köln, 1999.

Kothe-Heggeman, Claudia: „KMU als Opfer von Wettbewerbsverstößen und Weißbuch über Schadensersatzklagen“, in: GmbH-Rundschau 9/2008, 2008.

Kotler, Philip; Bliemel, Friedhelm: „Marketing - Management - Analyse, Planung und Verwirklichung“, 10. überarbeitete und aktualisierte Auflage, Schäffer-Poeschel Verlag, Stuttgart, 2001.

Krol, Florian: „Wertorientierte Unternehmensführung im Mittelstand – Eine empirische Analyse von Einfluss- und Wirkungsfaktoren“, Verlag Dr. Kovač, Hamburg, 2009.

Krüger, Wolfgang; Klippstein, Gerhard; Merk, Richard; Wittberg, Volker: „Praxishandbuch des Mittelstands – Leitfaden für das Management mittelständischer Unternehmen“, Gabler, Wiesbaden, 2006.

Lachmann, Werner: „Volkswirtschaftslehre 1“, 4. Auflage, Springer Verlag, Berlin, 2003.

Lenz, Carl Otto und Borchardt, Klaus-Dieter (Hrsg.): „Kommentar zu dem Vertrag über die Europäische Union und zu dem Vertrag zur Gründung der Europäischen Gemeinschaft", 4. Auflage, Bundesanzeiger, Köln; Helbing & Lichtenhahn, Basel - Genf - München; Linde Verlag, Wien, 2006.

Letmathe, Peter; Eigler, Joachim; Welter, Friederike; Kathan, Daniel; Heupel, Thomas (Hrsg.): „Management kleiner und mittlerer Unternehmen - Stand und Perspektiven der KMU-Forschung", Deutscher Universitäts-Verlag, GWV Fachverlage, Wiesbaden, 2007.

Lickert, Stephan: „Unternehmenszusammenschlüsse: Konsequenzen für das Humankapital", Haupt Verlag, Swiss Banking School; 237: 12. Lehrgang 1998 - 99, Bern - Stuttgart - Wien, 2000.

Lutz, Martin: „Schwerpunkte der 7. GWB - Novelle", in WUW - Wirtschaft und Wettbewerb 7-8/2004, S. 718 - 732.

Mäger, Thorsten (Hrsg.): „Europäisches Kartellrecht", Nomos Verlag, Baden-Baden, 2006.

Manager Magazin, Ausgabe 9/2008, Hamburg, 2008.

Mertens, Peter; Bodendorf, Freimut: „Programmierte Einführung in die Betriebswirtschaftslehre“, 12. überarbeitete Auflage, Gabler, Wiesbaden, 2005.

Mestmäcker, Ernst - Joachim; Schweitzer, Heike: „Europäisches Wettbewerbsrecht“, 2. völlig erneuerte Auflage, Verlag C.H. Beck, München, 2004.

Müller, Markus J.: „Kooperation von Jungunternehmen als Instrument des Risiko-Managements in Venture - Capital - Gesellschaften“, Haupt Verlag, Bern - Stuttgart - Wien, 2006.

Nagel, Reinhardt: „Systemische Strategieentwicklung“, 5. aktualisierte und erweiterte Auflage, Schäffer-Poeschel, Stuttgart, 2009.

Pfohl, Hans-Christian: „Betriebswirtschaftslehre der Mittel- und Kleinbetriebe“, 3., neubearbeitete Auflage, Erich Schmidt, Berlin,1997.

Poppelbaum, Jörn: „Bundeskartellamt mit Tipps für KMU“, in: Lebensmittelzeitung, 16.März 2007, S. 36.

Porter, Michael E.: „Competitive Advantage“, 1985, First Free Press Export Edition, 2004.

Porter, Michael E.: „Competitive Strategy", Free Press, New York,1998.

PricewaterhouseCoopers (2009): „Im Visier der Kartellbehörden", http://www.pwc.de/portal/pub/!ut/p/kcxml/04_Sj9SPykssy0xPLMnMz0vM0Y_QjzKLd4p3tnABSYGYLm4W-pEQBITMIN4RIRKk763v65Gfm6ofoF-QGxpR7uioCABWMP7f?siteArea=e567ef4715049f6&content=e567ef4715049f6&topNavNode=49c41154006aee04 vom 21. Juni 2009.

Rißmann, Karin: „Kartellverbot und Kooperation zwischen kleinen und mittleren Unternehmen nach der 7. GWB-Novelle", in: WuW - Wirtschaft und Wettbewerb, 9/2006, S. 881-890.

Reip, Hubert: „Volkswirtschaftslehre in Problemen", Verlag Gehlen, Bad Homburg vor der Höhe, 1976.

Säcker, Franz Jürgen und Wolf, Maik: „Deutsches und europäisches Wettbewerbsrecht – case by case", Utb Verlag Recht und Wirtschaft, Stuttgart, 2008.

Salje, Peter:„Die mittelständische Kooperation zwischen Wettbewerbspolitik und Kartellrecht", J.C.B. Mohr (Paul Siebeck), Tübingen, 1981.

Schachtschneider, Karl Albrecht: „Vertragsrecht der Europäischen Union - Teil 2: Wirtschaftsverfassung", im Erscheinen, Nürnberg, 2009.

Schachtschneider, Karl Albrecht: „Fallstudien zum Öffentlichen Wirtschaftsrecht", 4. Auflage, Lehrstuhl für Öffentliches Recht, Nürnberg, 2005.

Schauf, Malcolm (Hrsg.): „Unternehmensführung im Mittelstand – Rollenwandel kleiner und mittlerer Unternehmen in der Globalisierung", 2. Auflage, Rainer Hampp Verlag, München und Mering, 2009.

Schreyögg, Georg; Sydow, Jörg (Hrsg.): „Kooperation und Konkurrenz", Gabler, Wiesbaden, 2007.

Schwegler, Gudrun A.: „Kooperationsentwicklung bei zwischenbetrieblicher Zusammenarbeit", Verlag Dr. Kovac, Hamburg, 2007.

Simon, Hermann: „Hidden Champions des 21. Jahrhunderts - Die Erfolgsstrategien unbekannter Weltmarktführer", Campus Verlag, Frankfurt/Main, 2007.

Smith, Adam: „An Inquiry Into the Nature and Causes of the Wealth of Nations“, 1776, verwendete Ausgabe online unter http://www.netlibrary.com/Reader/ am 10.06.2009.

Stegmann, Renata: „Der Erfolg von Unternehmenszusammenschlüssen“, Deutscher Universitäts-Verlag, Wiesbaden, 2002.

Streinz, Rudolf: „Europarecht“, 7. Auflage,C.F. Müller Verlag, Heidelberg, 2005.

Streinz, Rudolf (Hrsg.): „EUV/EGV - Vertrag über die Europäische Union und Vertrag zur Gründung der Europäischen Gemeinschaft“, Beck'sche Kurz-Kommentare, Band 57, Verlag C.H. Beck, München, 2003.

Stockenhuber, Peter in *Grabitz, Eberhard; Hilf, Meinhard (Hrsg.)*: „Das Recht der Europäischen Union“, „EGV“, Verlag C.H. Beck, München, 2008. (lose Blatt Ausgabe)

Sydow, Jörg (Hrsg.): „Management von Netzwerkorganisationen“, 4. Aktualisierte und erweiterte Auflage, Gabler, Wiesbaden, 2006.

Thelen, Eva: „Die zwischenbetriebliche Kooperation: ein Weg zur Internationalisierung von Klein- und Mittelbetrieben“, Lang, Frankfurt/Main, 1993.

Thüringer Ministerium für Wirtschaft, Technologie und Arbeit (Hrsg.): „Mittelstands- und Jahreswirtschaftsbericht 2005“, Erfurt, 2005.

Varian, Hal R.: „Microeconomic Analysis“, 3. Auflage, W.W. Norton & Co., New York, 1992.

Wallner, Heinz Peter: „Netzwerke und Kooperationen: Ein Informations- und Arbeitsheft für UnternehmerInnen“, Stenum, Graz, 1999.

Wiendahl, Hans-Peter; Dreher, Carsten; Engelbrecht, Arne (Hrsg.): „Erfolgreich kooperieren: Best-Practice-Beispiele ausgezeichneter Zusammenarbeit“, Physica Verlag HD, Heidelberg, 2005.

Wigger, Berthold U.: „Grundzüge der Finanzwissenschaft“, 2. Auflage, Springer Verlag, Berlin - Heidelberg, 2006.

Wöhe, Günter: „Einführung in die allgemeine Betriebswirtschaftslehre“, Vahlen, München, 2008.

Zentes, Joachim; Swoboda, Bernd; Morschett, Dirk (Hrsg.): „Kooperationen, Allianzen und Netzwerke“, 2. Auflage, Gabler, Wiesbaden, 2005.

Internetquellen

http://www.bdm-verband.org/index.php?pid=14
zuletzt abgerufen am 10. Juli 2009.

http://www.bdm-verband.org/index.php?pid=15
zuletzt abgerufen am 12. Juli 2009.

http://www.bdm-verband.org/index.php?pid=3&PHPSESSID=0d2ba5ff1161ff942dbae12122b80157
zuletzt abgerufen am 31. August 2009.

http://www.bundeskartellamt.de/wDeutsch/download/pdf/Presse/PM_Boykott_Gehe.pdf
zuletzt abgerufen am 12. Juli 2009.

http://www.bundeskartellamt.de/wDeutsch/download/pdf/Kartell/Kartell08/B2-100-08.pdf
zuletzt abgerufen am 16. Juni 2009.

http://www.destatis.de/jetspeed/portal/cms/Sites/destatis/Internet/DE/Presse/pm/2007/11/PD07__486__63931,templateId=renderPrint.psml
zuletzt abgerufen am 31. August 2009.

http://www.europa.eu/
zuletzt abgerufen am 1. September 2009.

http://www.em-n.eu/
zuletzt abgerufen am 10. Juli 2009.

http://www.faz.net/s/Rub594835B672714A1DB1A121534F010EE1/
Doc~ECD998D140F6945E4BB2AC87BC54F1785~ATpl~Ecommon
~Scontent.html
zuletzt abgerufen am 19. August 2009.

http://www.frankenwein-aktuell.de/die_jungen_franken_sind-
content100.htm
zuletzt abgerufen am 13. Juli 2009.

http://www.ftd.de/karriere_management/karriere/:Ranking%20Die%
20Arbeitgeber%20Uni%20Absolventen/78107.html
zuletzt abgerufen am 11. August 2009.

http://www.gewerbeverband-grosshabersdorf.de/
zuletzt abgerufen am 22. August 2009.

http://www.gewerbeverband-puschendorf.de/
zuletzt abgerufen am 22. August 2009.

http://www.gwf-frankenwein.de/hauptseiten/winzer/winzerliste.html
zuletzt abgerufen am 14. August 2009.

http://www.handelsblatt.com/unternehmen/handel-dienstleister/arcandor-staatshilfe-wird-zum-zankapfel%3B2313243
zuletzt abgerufen am 31. August 2009.

http://www.hornbach.de/home/de/html/index.phtml
zuletzt abgerufen am 12. Juni 2009.

http://www.ifm-bonn.org/ergebnis/jawi2005.pdf
zuletzt abgerufen am 18. Juni 2009.

http://www.ifm-bonn.org/index.php?id=67
zuletzt abgerufen am 5. Juni 2009.

http://www.ifm-bonn.org/index.php?id=89
zuletzt abgerufen am 18. Juni 2009.

http://www.im.wiso.uni-erlangen.de/IM_V.htm
zuletzt abgerufen am 29. Mai 2009.

http://maps.google.de/maps?hl=de&tab=wl
zuletzt abgerufen am 21. August 2009.

http://www.metropolregion.de/
zuletzt abgerufen am 11. August 2009.

http://www.obi.de/de/company/de/Unternehmen/Historie/index.html
zuletzt abgerufen am 12. Juni 2009.

http://www.porsche.com/germany/aboutporsche/porschehistory/milestones/
zuletzt abgerufen am 12. Juni 2009.

http://www.region-stuttgart.org/
zuletzt abgerufen am 11. August 2009.

http://www.salem-baden.de/downloads/kigakleinerbruehl.pdf
zuletzt abgerufen am 2. Juni 2009.

http://www.sueddeutsche.de/wirtschaft/767/468333/text/
zuletzt abgerufen am 31. August 2009.

http://www.tagesspiegel.de/wirtschaft/Milch%3Bart271,2542900
zuletzt abgerufen am 16. Juni 2009.

http://www.unternehmensregister.de für den Jahresabschluss der GWF eG
zuletzt abgerufen am 31. August 2009.

http://www.uvex.de
zuletzt abgerufen am 12. Juni 2009.

http://www.welt.de/wirtschaft/article2065607/Kartellwaechter_ermitteln_gegen_Milchbauern.html
zuletzt abgerufen am 16. Juni 2009.

http://www.werbegemeinschaft-lengfeld.de/
zuletzt abgerufen am 31. August 2009.

http://www.werbegemeinschaft-nordwalde.de/
zuletzt abgerufen am 31. August 2009.

http://www.werbegemeinschaft-traunstein.de/
zuletzt abgerufen am 31. August 2009.

Rechtsquellenverzeichnis

Gesetze und Europäisches Primärrecht

BGB	Bürgerliches Gesetzbuch
EGV	Vertrag zur Gründung der Europäischen
EUV	Vertrag zur Gründung der Europäischen Union
GWB	Gesetz gegen Wettbewerbsbeschränkungen
HGB	Handelsgesetzbuch
UWG	Gesetz gegen den unlauteren Wettbewerb

Europäisches Sekundärrecht, Bekanntmachungen und Leitlinien

VO Nr. 19/65/EWG des Rates über die Anwendung von Artikel 85 Absatz (3) des Vertrages auf Gruppen von Vereinbarungen und aufeinander abgestimmten Verhaltensweisen,
ABl. P 36 vom 06.03.1965.

VO (EG) Nr. 2790/1999 über die Anwendung von Artikel 81 Absatz 3 des Vertrages auf Gruppen von vertikalen Vereinbarungen und aufeinander abgestimmte Verhaltensweisen,
ABl. (EG) Nr. L 336 vom 29.12.1999.

VO (EG) Nr. 1658/2000 über die Anwendung von Artikel 81 Absatz 3 des Vertrages auf Gruppen von Spezialisierungsvereinbarungen,
ABl. (EG) Nr. L 304/3 vom 05.12.2000.

VO (EG) Nr. 2659/2000 über die Anwendung von Artikel 81 Absatz 3 des Vertrages auf Gruppen von Vereinbarungen über Forschung und Entwicklung, ABl. (EG) Nr. L 304/7 vom 05.12.2000.

Bekanntmachung (EG) der Kommission, „Leitlinien zur Anwendbarkeit von Artikel 81 EG-Vertrag auf Vereinbarungen über horizontale Zusammenarbeit", ABl. (EG) Nr. C 3 vom 06.01.2001.

VO (EG) Nr. 70/2001 der Kommission vom 12. Januar 2001 über die Anwendung der Artikel 87 und 88 EG-Vertrag auf staatliche Beihilfen an kleine und mittlere Unternehmen,
ABl. (EG) Nr. L 10 vom 13.01.2001.

Bekanntmachung der Kommission über Vereinbarungenvon geringer Bedeutung, die den Wettbewerb gemäß Artikel 81 Absatz 1 des Vertrags zu Gründung der Europäischen Gemeinschaft nicht spürbar beschränken („de minimis"),
ABl. (EG) Nr. C 368/07 vom 22.12.2001.

VO (EG) Nr. 1400/2002 über die Anwendung von Artikel 81 Absatz 3 des Vertrages auf Gruppen von vertikalen Vereinbarungen und aufeinander abgestimmten Verhaltensweisen im Kraftfahrzeugsektor, ABl. (EG) Nr. L 203/30 vom 01.08.2002.

VO (EG) Nr. 1/2003 des Rates zur Durchführung der in den Artikeln 81 und 82 des Vertrages niedergelegten Wettbewerbsregeln,
ABl. (EG) Nr. L 1 vom 04.01.2003.

VO (EG) Nr. 139/2004 des Rates über die Kontrolle von Unternehmenszusammenschlüssen,
ABl. (EG) Nr. L 24/1 vom 29.01.2004.

Leitlinien zur Anwendung von Artikel 81 EG-Vertrag auf Technologietransfer-Vereinbarungen",
ABl. (EG) Nr. C 101/02 vom 27.04.2004.

VO (EG) Nr. 772/2004 über die Anwendung von Artikel 81 Absatz 3 des Vertrages auf Gruppen von Technologietransfer-Vereinbarungen,
ABl. (EU) Nr. L 123/11 vom 27.04.2004.

Tätigkeitsberichte Bundeskartellamt

Tätigkeitsbericht 1993/1994, Deutscher Bundestag, Drucksache 13/1660.

Tätigkeitsbericht 1996/1997, Deutscher Bundestag, Drucksache 13/7900.

Tätigkeitsbericht 2003/2004, Deutscher Bundestag, Drucksache 15/5790.

Tätigkeitsbericht 2005/2006, Deutscher Bundestag, Drucksache 16/5710.

Deutscher Bundestag, Drucksachen

BT - Drucksache 15/5735 vom 15.06.2005.

BT - Drucksache 15/3640 vom 12.08.2004.

Urteile, Beschlüsse und Entscheidungen

Bundeskartellamt, 1. Beschlussabteilung, Beschluss B1 - 248/04.

Bundeskartellamt, 2. Beschlussabteilung, Beschluss B2 - 100/08.

EuGH vom 12.12.1974, Rs. 36/74 Walrave/Union Cycliste Internationale,
Slg. 1974, I - 1405.

EuGH vom 04.05.1988, Rs. 30/87, Bodson,
Slg. 1988, I - 2479, Rn. 19.

EuGH vom 23.04.1991, Rs. C-41/90 Höfner und Elser/Macroton,
Slg. 1991, I - 1979.

EuGH vom 10.03.1992, Rs. T-9/89, Hüls/Kommission,
Slg. 1990, II-637.

Kommission, Entscheidung vom 31.11.1994, 94/815/EG „Zement".

Kommission, Entscheidung vom 5.12.2001
(Sache COMP/E-1/36.604 - Zitronensäure).

***ibidem*-Verlag**
Melchiorstr. 15
D-70439 Stuttgart
info@ibidem-verlag.de

www.ibidem-verlag.de
www.ibidem.eu
www.edition-noema.de
www.autorenbetreuung.de

Zeitfracht Medien GmbH
Ferdinand-Jühlke-Straße 7
99095 Erfurt, Deutschland
produktsicherheit@kolibri360.de